Contraste insuffisant

NF Z 43-120-14

Illisibilité partielle

Valable pour tout ou partie
du document reproduit

Couvertures supérieure et inférieure
en couleur

LA RENAISSANCE

DES

ÉTUDES LITURGIQUES

PAR

Le Chan. Ulysse CHEVALIER

Correspondant de l'Institut.

2me MÉMOIRE

Extrait de « L'Université Catholique »

LYON

IMPRIMERIE EMMANUEL VITTE

Rue de la Quarantaine, 18

1898

(2)

L'UNIVERSITÉ

CATHOLIQUE

Revue publiée sous la direction

D'un Comité de Professeurs des Facultés Catholiques de Lyon

Avec le concours

DE NOMBREUX SAVANTS & ÉCRIVAINS

REVUE PARAISSANT LE 15 DE CHAQUE MOIS

On s'abonne au Secrétariat général des Facultés catholiques, rue du Plat, 25; chez M. Emmanuel VITTE, *libraire-éditeur, place Bellecour, 3, et dans tous les bureaux de poste.*

Le meilleur mode d'abonnement est l'envoi d'un mandat-poste de 20 francs à l'adresse du gérant (M. l'abbé CHATARD, *Facultés catholiques, rue du Plat, 25, Lyon*), *ou à celle du libraire de la Revue* (M. Emmanuel VITTE, *place Bellecour, 3*).

Lyon. — Imp. Vitte, rue de la Quarantaine, 18.

LA RENAISSANCE

ÉTUDES LITURGIQUES (1)

A raison des circonstances particulières où la science liturgique semble se renouveler, il paraît bien que le premier travail à mettre à l'ordre du jour serait la confection d'un inventaire des documents liturgiques, depuis les origines jusqu'à la réforme de saint Pie V (2). On pourrait croire tout d'abord que les éléments en sont réunis dans les innombrables catalogues de manuscrits et d'imprimés qui, faits ou refaits de nos jours, ont la louable intention de permettre aux travailleurs de connaître à distance ce qui existe dans toutes les bibliothèques. Cette prétention, je n'aurai pas de peine à le prouver, n'est qu'imparfaitement justifiée. Je ne sais rien d'aussi difficile à rédiger qu'un bon catalogue de manuscrits. Sa confection suppose une science presque universelle, car, dans une bibliothèque un

(1) Voir la première partie de ce mémoire, relative à l'Angleterre, dans *l'Université catholique* du 15 septembre 1897 et dans le *Compte rendu du 4e congrès scientifique international des catholiques* (1897/8) ; Fribourg (Suisse), 1898, gr. in-8, 23 p.

(2) Le seul ouvrage en ce genre est la *Bibliotheca ritualis* de Franç.-Ant. ZACCARIA (Romae, 1776-8, 2 vol. in-4°), bien arriérée aujourd'hui ; le tome I traite « de libris ad sacros utriusque Ecclesiae Orientalis et Occidentalis ritus pertinentibus » ; le IIe, « de librorum ritualium explanatoribus ». Dom Lacombe a donné une idée de cette littérature dans son *Manuel des sciences ecclésiast.* (1850, t. I, p. 362-436).

peu fournie, toutes les branches sont facilement représentées. Si l'on veut bien tenir compte de cet autre fait, que pour la période antérieure au XVIe siècle, en dehors des monuments de l'antiquité, les travaux et documents ecclésiastiques figurent pour les neuf dixièmes, on conviendra que la plupart des bibliothécaires sont insuffisamment préparés à pareille besogne. J'ai écrit naguère (1), avec quelque irrévérence peut-être, qu' « à tous les bénédictins laïques il manque un sens que rien ne saurait racheter, le sens des choses ecclésiastiques ». J'en demande volontiers pardon à ceux qui forment à cette règle une honorable exception, mais l'examen des catalogues rédigés par leurs confrères moins expérimentés ne donne que trop raison à cette critique. En dehors des livres liturgiques qui portent un titre de première main, ce qui n'est point le cas général, ces bibliothécaires ou autres ne connaissent et n'appliquent guère (parfois au hasard) que les mots *Bréviaire*, *Missel* ou *Rituel*. Quant au contenu, leurs descriptions visent rarement — quand elles ne sont pas nulles — les points qui attireraient l'attention des liturgistes. En ce qui concerne l'hymnologie, les constatations sont lamentables. On ne distingue une hymne, ni d'une prose ou séquence, ni d'une oraison. On ne fait aucune différence entre une pièce commune à tous les Bréviaires, par exemple, et une spéciale à un saint et peut-être inconnue jusqu'ici. On mentionne même plus volontiers l'incipit de celles qu'on connaît, pour les avoir déjà rencontrées, et on se borne à une indication insuffisante pour une inédite. J'ai tâché de rendre plus accessible cette immense littérature par un Répertoire (2) qui a vu le jour dans les *Analecta Bollandiana* et n'attend, pour être complet, qu'un fort supplément et des tables. Cette bibliographie, pour être de quelque utilité, exige une condition élémentaire, c'est qu'on s'en serve. Pour reconnaître les complaisances exceptionnelles dont j'ai été l'objet à la bibliothèque Sainte-

(1) *Bibliothèque liturgique*, 1894, t. II, p. ij.

(2) *Repertorium hymnologicum*. Voir, sur les deux premiers fascicules, les nos des 15 févr. 1890 et 15 août 1893 de *l'Univers. cathol.*

Geneviève de Paris, je lui ai fait don des fascicules de ce Répertoire au fur et à mesure de leur apparition. Quelle n'a pas été la surprise de l'auteur en constatant que le rédacteur du tout récent *Catalogue des manuscrits* de cette bibliothèque, M. Ch. Kohler, n'en a fait aucun usage! Pour profiter des fort nombreux manuscrits liturgiques qu'il décrit, il faudra les reprendre isolément. Tel ne sera point le cas des manuscrits de Marseille, Arles, Aix, etc., décrits par mon regretté confrère et ami, le chan. Albanès, ni celui des manuscrits du chapitre de Bayeux. Ici l'exemple paraît unique, mais il serait grandement à désirer qu'il se généralisât. C'est une raison de plus de signaler le zèle des bibliothécaires de cette cathédrale normande pour reconstituer et augmenter sans cesse le nombre des manuscrits du Chapitre; ils n'étaient que 130 en 1840; ils sont aujourd'hui 320, et dans ce nombre il en est de fort précieux.

L'inventaire des documents liturgiques n'est donc point chose aisée avec les catalogues existants. Le travail sera facilité si l'on entreprend l'exploration méthodique des manuscrits conservés dans un pays ou une grande bibliothèque, soit des livres relatifs à une province ecclésiastique ou à un diocèse. Un vicaire de la cathédrale d'Eichstatt, M. le Dr Adalbert EBNER, a publié, il y a deux ans, sous le titre spécial d'*Iter Italicum*, le résultat de deux saisons de recherches dans les bibliothèques d'Italie sur le Missel Romain. J'ai eu l'occasion de faire connaître et aussi de critiquer un peu ce volume de sources et mémoires (1). On y trouve la description, au double point de vue historique et artistique, des Sacramentaires et Missels pléniers conservés dans trente-neuf villes. Les Missels purement romains y sont presque l'exception. Bon nombre ont pour titre : *Ordo missalis fratrum Minorum secundum consuetudinem Romane curie* (2); d'autres appartiennent à des

(1) *L'Université cathol.* (1896), t. XXIII, p. 607-9.

(2) On sait la grande influence de la liturgie Franciscaine sur nos Bréviaire et Missel actuels (*Bibl. liturg.*, t. II, p. xxviij-x). Jusqu'à la

églises particulières. Comme complément, M. Ebner a donné la reproduction de vingt-cinq *Ordo misse*, d'après autant de manuscrits dont les dates sont échelonnées entre le XIe siècle et le XIVe, trois Calendriers (sans compter les nombreux fragments insérés au cours des descriptions) et un Martyrologe. Les photographies réduites, dont le volume est illustré, sont fort utiles pour l'étude de l'écriture et de la date des manuscrits. Cinq dissertations complètent cet ouvrage et le résument dans une certaine mesure : 1° développement du Sacramentaire en Missel plénier: 2° place du canon dans les Sacramentaires romains; 3° essai de classification de ceux-ci; 4° contribution à l'histoire du texte du canon de la messe; 5° ornementation artistique des Sacramentaires et des Missels. Trois excellentes tables couronnent cet ouvrage d'érudition patiente et exacte : des manuscrits, des lieux de leur provenance, des matières (personnes et choses). L'auteur est mort le 25 février dernier (1). On doit souhaiter qu'il ait des continuateurs et des imitateurs.

Ce n'est point l'Italie entière, mais Rome seule et le Vatican en particulier qui ont attiré M. Hugues EHRENSPERGER. Il avait préludé au travail que je vais signaler par la description des manuscrits liturgiques de la bibliothèque grand-ducale de Carlsruhe (2). Les ouvrages décrits sont au nombre de deux cent quatre-vingt-treize, relatifs à vingt et un établissements religieux et divisés en vingt-trois classes : psautier, antiphonaire, hymnaire, lectionnaire, homiliaire, passionnaire, bréviaire, diurnal, martyrologe, collectaire, offices, responsorial, vespéral, heures, sacramentaire, épistolaire, évangéliaire, lectionnaire, graduel, séquentiaire, missel, directoire-ordo, processionnal, rituel; chaque division est précédée de notions sur le livre litur-

veille de la réforme liturgique de saint Pie V, les livres qui portent au frontispice le mot *Romanum* sont purement franciscains.

(1) *Historisches Jahrbuch*, t. XIX, p. 401.

(2) *Bibliotheca liturgica manuscripta, nach Handschriften der grossherzoglich Badischen Hof- und Landesbibliothek*, mit einem Vorworte von Wilh. BRAMBACH; Karlsruhe, 1889, in-8° de IX-84 p., pl.

gique spécial qu'elle comprend. Ces divisions sont d'une dizaine plus nombreuses dans les *Libri liturgici bibliothecae apostolicae Vaticanae manv scripti* (1), décrits par le même savant dans un superbe volume dédié à Léon XIII et publié au frais du grand-duc de Bade Frédéric. Outre quelques subdivisions sans importance, on y trouve en plus le dominical, le tropaire (qui équivaut au séquentiaire), le rouleau d'*Exultet*, le pontifical et le cérémonial; et en moins le responsorial. Les manuscrits décrits sont au nombre de cinq cent quarante-cinq. En rendant compte de ce livre avec sa compétence exceptionnelle (2), M. Léop. Delisle y a signalé une regrettable lacune : l'auteur a oublié de cataloguer les textes des quatre évangélistes qui servaient au diacre à la messe solennelle et dont le Vatican possède de beaux exemplaires. D'autres lui ont reproché de s'être borné à une quarantaine de Passionnaires, quand la bibliothèque du Saint-Siège en possède un plus grand nombre (3). Une observation plus grave, c'est que la classification des manuscrits dans leurs divisions respectives est loin d'être rigoureuse (4). Tel recueil factice appartient à la fois à plusieurs catégories. Le mieux eût donc été de bien délimiter la nature des manuscrits qu'on voulait faire connaître et de les décrire en suivant les fonds dans lesquels ils sont conservés : une table aurait facilement remédié à cette absence apparente de méthode. On a encore reproché à M. Ehrensperger de n'avoir pas poussé assez loin l'étude comparative des monuments qu'il décrivait avec ceux déjà connus. Il me semble cependant équitable de ne demander à un livre que

(1) Fribvrgi Brisgoviae, 1897, gr. in-8° de xij-591 p.

(2) *Journal des savants* (1897), p. 284-99. L'article débute par une réflexion qu'il est bon de reproduire ici : « L'examen des anciens monuments de la liturgie latine offre un puissant intérêt, même en dehors des études liturgiques. Les livres de cette catégorie fournissent, en effet, à la paléographie, à l'archéologie, à l'histoire des lettres et à celle des arts (peinture et musique), des matériaux d'autant plus précieux que nous pouvons savoir à quelle date exacte et dans quel pays beaucoup de ces livres ont été exécutés. »

(3) *Analecta Bollandiana* (1898), t. XVII, p. 219-21.

(4) *Revue Benedictine* (1898), t. XV, p. 26-7.

ce que l'auteur a voulu y donner. Le but de celui-ci ressort de l'ensemble de son travail plus encore que de sa courte préface. Il a voulu décrire par le menu le contenu de chaque manuscrit, sans toucher aux alentours du sujet. Sans omettre le côté artistique des volumes — puisqu'il indique toutes les miniatures, — il a vu plus d'inconvénients que d'avantages à chercher à les rapprocher des œuvres des mêmes artistes ou de la même école. Mais, au point de vue liturgique, qui était cependant celui de sa publication, il est d'une sobriété parfois désespérante. Tout ce qu'on peut espérer de lui, c'est qu'il mette entre crochets la lettre initiale oubliée par le rubriciste ; et encore il n'en est pas toujours ainsi. Par exemple, à la page 181 le texte suivant déroutera bien des chercheurs : *or... angustum dilatemus ut senatus exultemus laudes apostolici... Hymnus...* Le deuxième vers ayant huit syllabes et le troisième sept, nous pouvons conjecturer que le premier en avait huit et que nous sommes en présence d'une prose ou séquence et non d'une hymne. Pour compléter ce premier vers, qui a déjà sept syllabes, il suffira d'en ajouter une avant *gustum* et une lettre avant *or;* cette lettre ne peut être que *c* et on lira couramment : *Cor angustum dilatemus*, pièce qu'on trouvera sous le n° 3867 du *Repert. hymnol.* et dont l'auteur est Adam de Saint-Victor. M. Ehrensperger n'a fait aucun usage de cet ouvrage et il y aura lieu de le regretter, car il faudra reprendre après lui à peu près tous les manuscrits qui renferment des hymnes propres, des proses (en petit nombre, car l'Italie ne s'y est jamais affectionnée) et des offices rythmés : la simple adjonction de quelques numéros de renvoi lui aurait permis d'éviter à d'autres ce travail énorme. A ces observations près, il est fort à désirer qu'il dirige lui-même ses recherches sur d'autres fonds et que son exemple soit suivi.

Bien avant que les anciens livres liturgiques atteignissent dans les ventes et chez les libraires qui en ont fait leur spécialité, comme M. Rosenthal de Munich, les prix souvent exagérés qui se payent aujourd'hui, le duc de Parme les recherchait (dès 1838), avec une avidité et une persévérance auxquelles sa mort seule a mis un terme. Dépouillé de ses Etats par les Piémontais, il vécut sous le titre de comte de Villafranca, et fit rédiger le catalogue de sa riche collection par son bibliothécaire, M. ALÈS (1). Celui-ci, attaché depuis au ministère des finances à Paris, n'avait pas une compétence exceptionnelle ; son travail témoigne des qualités d'un bibliographe ordinaire : « Examiner lentement chaque livre, dit-il lui-même (p. IV), feuillet par feuillet, en noter les particularités, établir les classifications pour les livres d'un même type ou d'un même imprimeur, apporter dans les recherches une méthode patiente, telle a été notre tâche. » En dehors de la description matérielle des volumes, je ne vois pas qu'il ait cherché à rendre service à la science liturgique. Les livres d'Heures ont eu, il ne le cache pas, toute sa prédilection. Quoi qu'il en soit, on trouve là, exactement décrits, près de 400 livres liturgiques, en usage dans une centaine de diocèses et une quarantaine d'ordres religieux ou de chapitres ; bon nombre sont signalés pour la première fois. Longtemps conservée à Nice, cette collection, la plus riche en ce genre qu'un particulier ait jamais formée, est actuellement, m'a-t-on dit, au château de Frohsdorf.

En France, deux ouvrages indépendants nous ont donné, à dix ans d'intervalle, la description des livres liturgiques des évêchés compris jadis dans la province ecclésiastique de Lyon (la métropole exceptée). Par la façon ample et scientifique dont les auteurs ont compris leur travail, c'est une contribution importante à ces études. Les *Notes* (2) de M. [lisez Mlle Marie] PELLECHET forment un

(1) *Bibliothèque liturgique : description des livres de liturgie imprimés aux XVe et XVIe siècles*, faisant partie de la bibliothèque de S. A. R. Mgr Charles-Louis de Bourbon (comte de Villafranca), par Anatole ALÈS, ancien bibliothécaire de Son Altesse ; Paris, 1878, gr. in-8° de 2 f.-vj-358 p. ; Supplément, ibid., 1884, gr. in-8° de viij-46 p. Les deux vol. n'ont été tirés qu'à 150 exempl., tous sur hollande Le b^on ERNOUF en a donné un compte rendu dans le *Bull. du biblioph.* (1880), t. XLVII, p. 404-15.

(2) Voir le titre complet dans le Catalogue ci-après, évêché d'Autun.

gros volume, qui témoigne d'une patience et d'une érudition peu communes. Elles sont divisées en deux parties. La 1re comprend la description minutieuse de 226 ouvrages, tant manuscrits qu'imprimés, jadis en usage dans les diocèses d'Autun, Chalon et Mâcon : antiphonaire, bréviaire, canon, cérémonial, collectaire, diurnal, épistolaire, évangéliaire, graduel, heures, hymnaire, lectionnaire, légendaire, manuel, martyrologe, missel, offices propres, ordinaire, ordonnances, ordo, pastoral, pontifical, processionnal, psautier, rituel, statuts, vespéral. La 2e partie, deux fois plus considérable que la précédente, contient, sous le titre d'*Analecta liturgica*, d'abord le calendrier et les rubriques du Bréviaire d'Autun de 1480, puis les divers offices propres des saints Andoche, Lazare, Léger, Madeleine, Marthe, Lazare et Celse, Symphorien, Vincent, spécialement honorés dans ces diocèses ; ces offices comprennent les antiennes, leçons, répons, hymnes, proses ou séquences, etc. Malgré leur titre trop modeste, ces *Notes* sont susceptibles de peu d'additions (1). Elles ont obtenu de l'Académie des inscriptions la 1re mention honorable au concours des antiquités de la France de 1886 : elles méritaient assurément une 4e médaille.

Les livres liturgiques du diocèse de Langres (avec Dijon en appendice) ont été étudiés et décrits avec le plus grand soin par M. l'abbé L. Marcel, préfet des études au petit séminaire de la Haute-Marne (2). Il a séparé les manuscrits (107) des imprimés (83). Dans l'une et l'autre catégorie sont compris les statuts et les heures — bien qu'ils ne soient pas, à proprement parler, des livres liturgiques — : ceux-là, à raison des ordonnances relatives au culte qu'ils contiennent; celles-ci, à cause des calendriers et des litanies qu'elles renferment. De plus, on trouve dans les notes

(1) On en trouvera quelques-unes dans les articles consacrés à cet ouvrage par MM. A. Ingold (*Bull. critique*, t. IV, p. 421-3) et E. Picot (*Rev. critique*, t. XIX, p. 66-9).

(2) On trouvera le titre complet de cet ouvrage, ainsi que de ceux qui seront encore cités, dans le Catalogue (pour lequel l'Épilogue de M. Marcel n'a pas été d'un médiocre secours) qui fait suite à ce mémoire.

nombre d' « indications bibliographiques sur les Catéchismes et les recueils de Noëls et de cantiques, et sur les livres de piété autrefois en usage dans le diocèse de Langres ». Les anciens Inventaires des églises et les vieux Obituaires eux-mêmes y ont trouvé place : ceux-ci, parce qu'ils procèdent des diptyques ; ceux-là, pour les renseignements qu'ils sont appelés à fournir sur des livres parfois disparus. Car il s'en faut que tout ce qui a vu le jour jadis, par la plume ou par l'impression, nous ait été conservé. Bien des monuments liturgiques « ont péri victimes, soit des injures du temps, soit de l'incurie ou de l'ignorance des hommes ». On peut même dire que la destruction s'est acharnée sur eux plus que sur ceux des autres branches de la science ; ceci s'explique : tant qu'on n'a pas songé à faire l'histoire de la liturgie, les témoins des anciens usages étaient systématiquement détruits pour faire place aux nouveaux, quand ils ne tombaient pas eux-mêmes de vétusté. M. Marcel a reproduit en notes les documents, découverts par lui, qui constatent l'existence ou « l'état civil » des livres qui ont jusqu'ici échappé à la chasse des bibliophiles. Quant à ceux qui subsistent, il ne faudrait pas croire que leur rencontre soit toujours aisée. Qu'on parcoure la table topographique de ce volume : on verra que l'auteur a dû mettre à contribution 18 bibliothèques en France et 3 à l'étranger ; c'est ce qu'il appelle « rapatrier — du moins sur le papier — ces vénérables débris ». Les livres retrouvés, il s'est agi de les cataloguer et d'en faire la description. M. Marcel a suivi les meilleurs guides en cette matière. « Voici, nous dit-il lui-même, ce qu'on trouvera dans chacune des notices : d'abord un titre sommaire en latin, indiquant la nature du livre à décrire avec la date approximative de son apparition ; puis la bibliothèque publique ou privée dans laquelle il est aujourd'hui conservé ; ensuite ce qu'on pourrait appeler le signalement physique du volume : nombre des pages ou des feuillets, format ou dimensions, matière employée soit par le manuscripteur soit par le typographe, forme des lettres et justification, ornementation ou chiffre et objet des miniatures ou des gravures, état de la reliure et des tranches; enfin l'analyse. Dans cette analyse, dont l'étendue varie naturellement suivant l'importance des volumes, sont représentés, avec les titres intégraux de l'ouvrage, toutes les notes manuscrites des gardes ou des marges offrant un intérêt historique ou littéraire quelconque. Chaque notice, enfin, se termine par la bibliographie du livre, c'est-à-dire par l'indication des auteurs qui s'en sont occupés et des articles ou traités où on le trouve mentionné » (p. xj-ij). Au désordre apparent dans lequel les descriptions se succèdent remédie une table systématique, dont je vais présenter le résumé, pour montrer, une fois de plus, ce que des recherches persévérantes ont permis de retrouver pour un diocèse qui, après tout, n'était pas de première importance : antiphonaire (13), bénédictionnal (2), bréviaire (13), calendrier (2), cérémonial (7), collectaire (6), diurnal (1), épistolaire (3), évangéliaire (3), graduel (3), heures (15), hymnaire (2), lectionnaire (2), légendaire (2), martyrologe (5), missel (13), messes (3), offices (22), ordinaire (3), ordo (5), paroissien (4), passionnal (2), pastoral (1), pontifical (4), processionnal (8), propre (6), psautier (4), responsorial (4), rituel (7), statuts (26), vespéral (1). A s'en tenir à ce qui précède, on croira ce livre d'une lecture insipide et d'un froid désespérant. Les vrais savants savent d'ordinaire rendre la science attrayante. La description matérielle des livres est ici agrémentée d'une foule de notes historiques, biographiques et même anecdotiques. D'ailleurs ce volume — l'auteur le dit modestement (p. IV) — n'est que la « préface » de l'histoire de la liturgie Langroise. Il ne sera pas inutile de savoir comment il comprendrait l'ensemble de l'édifice : « Cette Etude, sous peine d'être incomplète, devrait se composer de trois grandes parties : une partie hagiographique, dans laquelle on rechercherait les causes qui ont amené l'établissement, l'augmentation ou la diminution de grade, et, quand il y aurait lieu, la suppression totale de chacune des fêtes autrefois inscrites dans notre calendrier ; — une partie canonique, où l'on essayerait, par un examen approfondi des rubriques et des cérémonies, de déterminer les points de ressemblance et les points de dissemblance qui existent entre notre rit et les autres rits diocésains issus comme lui du *romain français*; — une partie littéraire, enfin, qui contiendrait à la fois le texte et le commentaire de nos plus beaux offices ou, comme qui dirait, une anthologie de nos divers livres d'église ».

J'ai insisté un peu longuement sur le travail de M. Marcel : il trace le modèle et servira d'exemple à suivre pour le catalogue des livres liturgiques d'un diocèse. Quelques travaux antérieurs, qui sont loin de réaliser cet idéal, ne méritent ici qu'une mention ; ce sont ceux de MM. LABRUNIE, sur le diocèse d'Agen; PIGEON, sur Coutances et Avranches ; TOURRET, sur Elne ; DE LA PRAIRIE et FOSSÉ D'ARCOSSE, sur Soissons; BEAUPRÉ, sur Toul et Verdun; SOCARD, sur Troyes; LE BLANC, sur la colleg. de Brioude. L'histoire de la liturgie diocésaine a tenté un plus grand nombre d'auteurs, la plupart ecclésiastiques (en vue de la rédaction de nouveaux offices propres) ; la majeure partie de leurs publications, n'ayant pas pour base la réunion de tous les éléments constitutifs, sont appelés à être repris un jour en sous-œuvre; nous indiquerons seulement : MM. GUILLIBERT, sur Aix; ROZE, sur Amiens; TERRIS, sur Apt; DEVOUCOUX, sur Autun; LAFFETAY, sur Bayeux; HAIGNERÉ, sur Boulogne ; HAUTCŒUR, sur Cambrai ; ROUX, sur Chartres ; ROUX, sur Lyon ; DUPONT DES LOGES, sur Metz; CROSNIER, sur Nevers ; COUSSEAU, sur Poitiers; BOURDIN et LANGLOIS, sur Rouen ; SALVAN et CARLES, sur Toulouse.

L'étude la plus récente, dont il me reste à parler, comprend à la fois l'histoire et les documents de la liturgie dans le diocèse de Montpellier, ou plutôt de ceux de Maguelonne, Béziers, Agde, Lodève et Saint-Pons, dont il a été formé au sortir de la Révolution. Dans une mince brochure M. l'abbé MAUBON, pro-secrétaire de l'évêché, a résumé, avec un grand sens historique, les variations du culte dans la Narbonnaise, depuis le concile d'Agde (506), le plus ancien qui renferme des prescriptions liturgiques. Je suis assurément d'accord avec M. Maubon touchant l'illégitimité des liturgies françaises des deux derniers siècles, mais j'aurais désiré une appréciation plus modérée, sur un ton plus scientifique, de ceux qui en furent les promoteurs dans les diocèses en question. Quand, dans une monarchie comme est l'Eglise, l'accord devient impossible entre les pouvoirs, il n'y a, *en fait*, que deux issues à cette lutte : rupture violente en haut ou en bas ; ici c'est une révolution, là un coup d'état. Rome a toujours hésité à faire contre les liturgies dites Gallicanes un coup d'état, c'est-à-dire à en interdire l'usage (1) ; elle s'est bornée à condamner ceux qui, comme l'évêque de Saint-Pons, Percin de Montgaillard, affirmaient *le droit et le pouvoir des évêques de régler les offices divins dans leurs diocèses*. Pour démolir ces liturgies, on en a attaqué le fond à outrance : il n'est pas sûr que Rome n'eût pas beaucoup accordé, si on ne s'était pas abstenu systématiquement de lui rien soumettre. Ce qui le prouve bien, c'est qu'actuellement nos Offices propres, approuvés par elle, sont encombrés de cette liturgie : on a rendu spécial aux saints locaux ce qui était le commun du Parisien et d'autres, et « ainsi — c'est M. Maubon qui parle — par une contradiction étrange et que la postérité ne comprendra pas, on conserva au propre diocésain les offices du bréviaire ou propre gallican que l'on abandonnait comme étant, dans l'espèce, l'*abomination de la désolation* ». La réforme ou l'abandon de nos liturgies devait être sollicité et conduit par les évêques ; le mouvement est venu de ceux que cela ne regardait pas et

(1) A son apparition (1736), le Bréviaire parisien de M. de Vintimille fut déféré par le pape Clément XII au Saint-Office, qui prépara même un décret en interdisant l'usage liturgique. La cour de France obtint que ce décret ne serait pas publié, sur la promesse que M. de Vintimille ferait lui-même les corrections qu'on indiqua officieusement de Rome. L'archevêque de Paris et le cardinal de Fleury en différèrent indéfiniment l'exécution. Clément XII mourut en 1740, et Benoît XIV ne donna aucune suite à ce projet de condamnation (P. Batiffol, *Le Bréviaire parisien de 1736 et le pape Clément XII, d'après une correspondance diplomatique inédite*, Paris, 1896, in-4°, 16 p.) ; dès l'année suivante, il nomma une congrégation de prélats et de religieux pour la réforme du Bréviaire romain (le même, *Hist. du Brév. rom.*, p. 275).

qui n'avaient aucune autorité sur ce point. Dans un grand nombre de diocèses, l'adoption du romain a été sollicitée par le bas clergé et poursuivie parfois violemment à l'aide de libelles; en maint endroit on a forcé la main à l'évêque et précipité le mouvement, sans que personne fût scientifiquement préparé à un brusque changement. On a même dépassé la mesure : parfois les innovations liturgiques s'étaient introduites, au XVIIIe siècle, malgré la résistance persévérante des chapitres; il y avait lieu de leur accorder la *redintegratio*. Ces procédés révolutionnaires ont produit ce que produisent toutes les révolutions : des ruines; elles sont à terre. Heureux les diocèses où l'on cherche à les relever, je veux dire à composer de nouveaux Offices propres puisés dans les documents traditionnels! L'exemple donné par celui de Montpellier sera fructueux, il faut l'espérer.

En même temps qu'on catalogue nos anciens livres liturgiques, il faut songer à imprimer les plus importants, car l'histoire de la liturgie serait bien difficile à entreprendre et bien longue à rédiger à l'aide des seuls manuscrits. Jusqu'ici, un seul Bréviaire a été publié chez nous, celui du diocèse de Lescar de 1541; le mérite en revient à M. l'abbé DUBARAT, aumônier du lycée de Pau, qui a fait précéder le texte d'une ample introduction : on y trouve presque toute l'histoire du diocèse. Le Christianisme y fut prêché au IIIe siècle et son premier évêque, saint Julien, est de 407. Le chapitre fut soumis, en 1101, à la règle de saint Augustin et sécularisé en 1537. Lescar est aujourd'hui compris dans le diocèse de Bayonne, qui renfermait en outre ceux de Dax et d'Oloron. L'auteur étudie leurs liturgies respectives.

Pour Bayonne, on possède : a) un Graduel ms. du XVe siècle, conservé à la biblioth. de la ville, décrit p. xl-ij (1);

(1) Pour être absent de l'*Hist. de la poés. liturg.* du regretté Léon GAUTIER (t. I, p. 266), le trope du *Gloria* « Spiritus et alme » ne se retrouve pas moins dans la presque universalité des Missels. Quant à celui de l'*Agnus Dei* « Gloriosa spes reorum », il figure dans le Missel d'Auch de 1491 et dans des manuscrits dominicains.

— b) le Tableau du chœur de la cathédrale (xve s.), contenant le règlement des offices pour le chapitre, texte p. xlij-iij ; — c) Livre des fondations et des obits de la cathédrale (xvie s.), rédigé en gascon, préambule et sommaire p. xliij-v; — d) d'un « vieux » Bréviaire, ms. sur parch., il semble ne subsister que le texte de la légende de saint Léon, reproduit p. xlv-j ; — e) Statuts synodaux publiés par l'évêque Etienne Ponchier en 1533 et imprimés à Bayonne, lettre du vicaire général, convocation, règlement et table p. xlvij-l ; — f) Missel imprimé à Paris en 1543/4. C'est une bien curieuse histoire que celle de la découverte de l'exemplaire unique conservé à la biblioth. Mazarine. En deux mots, la prose *Jam lucis sidus oritur* en l'honneur de saint Léon (p. ciij), signalée par le *Repert. hymnol.* (n° 9280) comme se trouvant dans un *Missale ad usum ecclesie cathedr. Baiocensis* (Bayeux), a fait constater que plus loin et toujours on a imprimé à bon droit *Baionensis;* cet exemplaire provient de la Sorbonne. Un autre se trouvait, en 1760, dans la bibliothèque des Capucins de Bayonne ; on est loin d'avoir abordé tous les recoins où il peut se dissimuler. Quant à celui de la Mazarine, on allait le prêter à M. Dubarat, quand... reconnaissant l'insigne rareté du livre, on l'a mis dans la réserve et sous clef. Quand on travaille dans une bibliothèque, il ne faut jamais s'extasier devant les conservateurs des curiosités qu'on a l'heur de découvrir chez eux : d'abord, parce qu'ils peuvent être jaloux et prendre les devants; ensuite, pour ne pas se voir diminuer les facilités de travail. Signalez les raretés, faites-les mettre dans la réserve, mais après avoir achevé votre œuvre, comme je le fis naguère pour le Bréviaire de Braga. Grâce aux notes de M. l'abbé Cazenave, M. Dubarat a décrit longuement ce Missel (p. lxxxvj-ciij), trop longuement même, puisqu'il s'est décidé depuis à le faire réimprimer; c'est là l'inconvénient, que j'ai signalé dans un mémoire précédent, « de déflorer la publication de recueils qui ont un réel intérêt » (1).

(1) Au travail de M. Cuissard sur les jours égyptiens ou périlleux

La liturgie de Dax est représentée par un Bréviaire manuscrit du XIIIe/XIVe siècle, conservé au grand séminaire d'Aire. En 1488, on vendit à Labastide-Villefranque un Missel mixte, sans doute manuscrit, peut-être de Dax. En fait d'imprimés, M. WEALE n'a rien trouvé; l'abbé Dubarat a été plus heureux. Aux archives des Basses-Pyrénées, des papiers, provenant d'un marchand établi à Orthez dès 1506, mentionnent un Missel imprimé à l'usage de Dax: *bint missaus de molle de l'ordi d'Acx;* en 1529, son successeur tenait aussi des Bréviaires (peut-être d'autres diocèses); il n'est pas impossible que le tout eût été

(p. xciv), il faut en joindre bon nombre d'autres indiqués dans la *Topo-bibliogr.* (c. 978). Dans cet ordre d'idées, le plus curieux est que le fameux liturgiste Durand de Mende a pris la peine d'enseigner, dans son *Rationale*, le moyen infaillible de trouver les jours néfastes. Le calendrier de Bayonne en est fourni, comme tant d'autres, et ajoute quatre vers des préceptes de l'école de Salerne à chaque mois. Après la reproduction du Calendrier, M. Dubarat signale quelques particularités : bénédiction des navires, qui suivait la messe dite sur la proue (assez naturelle dans une ville maritime et commerciale) ; notables différences dans le canon, par comparaison au romain ; absence de la coutume (conservée en certaines villes de France jusqu'au XVIIIe siècle) de donner de l'eau ou du vin aux fidèles immédiatement après la communion, « ad os abstergendum », qu'il faut bien se garder de confondre avec la communion sous les deux espèces. — La prose « Proloquium altum recitemus », de la fête de saint Gabriel, n'était plus inédite quand M. D. l'a publiée (p. civ) ; elle figurait déjà dans les *Anal. liturg.* de MM. WEALE et MISSET (t. I, p. 270); on la trouve dans grand nombre de Missels (*Rep. hymn.*, n° 15592). Celle de la dédicace de la cathédrale de Bayonne, « Rex Salomon fecit templum », était commune au moyen âge; elle a pour auteur le célèbre Adam de Saint-Victor : le *Rep. hymn.* (n° 17511) indique plus de trente églises qui en faisaient usage et une demi-douzaine d'éditions modernes. Il était inutile d'en donner une nouvelle (p. cvj), qui offre plus d'une défectuosité. M. D. ne s'est pas rendu compte que le génie d'Adam multiplie les rimes et les coupures; ainsi il ne fallait pas imprimer :

Longitudo, latitudo,
Templique sublimitas,
Intellecta fide recta,
Sunt fides, spes, charitas,

mais :

Longitudo,
Latitudo
Templique sublimitas,
Intellecta
Fide recta,
Sunt fides, spes, charitas.

A la strophe VII (de M. D.), le 3e vers, « Alias reddivivos », est absolument à supprimer; les trois vers restants forment le pendant imprimé en Espagne. La *Gallia* mentionne *Breviarium antiquum Aquense.*

Sur le diocèse de Tarbes on n'a encore rien trouvé (1).

Pour celui d'Oloron on rencontre mention d'un Missel en 1363 et d'un Bréviaire en 1422. Celui-ci fut imprimé à Lyon, en 1525, par ordre de l'évêque Jacques de Foix ; il en existait encore des exemplaires en 1725 ; M. Dubarat n'en a retrouvé que le titre (p. liij).

Des Bréviaires de Lescar sont relatés en 1485, 1487 et 1490, ainsi qu'un petit Missel. L'évêque Boniface Peruzzi fit imprimer le Missel de son diocèse à Pampelune en 1496, le même sans doute dont parle un testament de 1518 : on n'est pas encore parvenu à le découvrir. Un de ses successeurs, Jacques de Foix, publia des Constitutions synodales, qui furent imprimées à Pau en 1552 et dont M. Dubarat donne le frontispice en fac-simile (p. lv), l'ordonnance

(la 2e clausule) des trois précédents. Les strophes x à xv doivent être coupées analogiquement comme « Longitudo », c'est-à-dire que les trois vers en font cinq : la rime d'Adam est trop riche pour assonancer *multus* avec *domus.* — La prose des cinq Plaies, « Coenam cum discipulis » (p. cviij), est une des plus communes (*Rep. hymn.*, no 3616) à partir de la fin du XVe siècle. Les strophes sont invariablement de quatre vers de treize syllabes (*Bibl. liturg.*, t. II, p. 272-4) ; les anomalies du Missel de Bayonne (deux vers de trop aux strophes II et VI et un à la XIe, un en moins à la Xe et à la dernière) montrent qu'elle y était récitée et non chantée, et en font un des plus mauvais textes. La prose du Nom de Jésus (p. cx) ne jouissait pas d'une moindre célébrité (*Rep. hymn.*, no 4909) ; le texte de Bayonne commence par un vers faux : « Dominus (pour *Dulcis*) Jesus Nazarenus » ; le 3e, « Pius, pulcher *et* floridus » ne l'est pas moins; il n'y a qu'à les comparer avec leurs pendants de la strophe suivante : « Pro salute suae gentis » et « Factus pallens, lividus ». Le trait qui suit n'est sûrement pas tiré de l'*Ecclesia*[*stici*] *:* « Dulce nomen | Jesu (pas *Jesus*) Christi, | Felix omen | Ferens tristi, | Jucundam mentem jubilo » ; en tout trois strophes de dix vers (*Rep. hymn.*, no 4881). La prose relative à la fête de la Sanctification de la sainte Vierge, « Salve, sancta Christi parens » (p. cxj), n'était pas non plus inédite (*Rep. hymn.*, no 18178) ; l'explication de D. Guéranger (n. 1) n'est pas admissible : cette prose, qui figure dans les Missels dominicains de 1483 à 1575, excluait l'Immaculée Conception, comme le prouverait surabondamment l'hymne de leur Bréviaire de 1547 (p. cxij).

(1) Depuis lors, un Bréviaire manuscrit de Tarbes a été découvert par M. l'abbé Cazauran dans la bibliothèque de cette ville (p. 265).

épiscopale, la table des matières et le procès-verbal de la tenue du synode.

Nous arrivons au volume qui a donné occasion à cette belle publication, le Bréviaire de Lescar, dont l'unique exemplaire est passé du cabinet de M. Canéto, vicaire général d'Auch, dans celui de M. Léonce Couture, doyen de la faculté cathol. des lettres de Toulouse, qui en a fait don à l'archevêché d'Auch. Il résulte d'une note qu'il fut acheté à Orthez en 1595. Le volume comprend 580 feuillets, imprimés à Lescar même par un chalcographe de Toulouse, Jacques Colomiès, ou peut-être par des ouvriers détachés de sa maison principale. Avant d'en venir à sa reproduction, l'auteur entre dans de longs développements sur la poésie liturgique, hymnes (1), proses (2), tropes, offices rimés; sur les saints locaux (Catherine, Confesse (3), Quiterie, Augustin) (4), et régionaux (Foi, Bertrand,

(1) « Saint Hilaire, saint Ambroise, saint Fortunat, saint Grégoire le Grand se sont exercés à enrichir l'office divin d'hymnes magnifiques et célèbres que l'Eglise chante encore aujourd'hui » (p. lxix). Je ne suis pas seul à protester contre cette hérésie historique : depuis 1629, on a fait divorce avec ces auteurs respectables ; j'ai donné ici (t. VIII, p. 123-4 ; t. XV, p. 13-4) trois spécimens des transformations fondamentales apportées à leur lyre inspirée. POISSON n'a pas dit « avec raison » : « Dans les anciens livres d'église, on ne trouvait presque que des vers ïambiques à quatre pieds... » ; c'est s'attarder à une théorie vieillie.

(2) Ce n'est pas « d'abord », mais en dernier lieu que l'Eglise romaine n'admit que quatre proses. La présence de prosules entre matines et laudes n'est pas un fait spécial à Lescar ; d'autres Bréviaires en renferment plus ou moins. Mais il en est un, appartenant à la même région sud-est de la France, qui est unique pour la multiplicité des compositions de cette espèce (elles y portent le nom de *verbeta*) qu'on y a intercalées dans les offices : je veux parler de celui d'Elne, imprimé à Perpignan en 1500, et qui mériterait certainement d'être reproduit ; le seul exemplaire connu fait partie de la riche collection liturgique de la bibliothèque Sainte-Geneviève. — Les mots que l'auteur catalogue au même endroit ont été « forgés », moins « pour exprimer des sentiments nouveaux », que pour faire preuve d'esprit quintessencié.

(3) Malgré le rit double dont on l'honorait à Lescar, M. D. est obligé de confesser que cette vierge « n'a pas d'histoire ». Les Bollandistes l'attribuent à Tarbes, où elle est inconnue.

(4) « Ces hymnes de saint Augustin sont éminemment romaines » ; en quoi ? Elles apparaissent en nombre de Bréviaires avant qu'on les

Saturnin); sur la réforme liturgique de saint Pie V, dont la part d'honneur revient aux Théatins (1); sur la célébration des fêtes solennelles et de précepte dans les anciens diocèses de Bayonne, de Lescar et d'Oloron; sur les phases de la liturgie dans ces diocèses jusqu'au XVIIIe siècle (offices de saint Grat et de saint Victorin); sur les nouveaux rituels de la métropole d'Auch et de ses suffragants; sur les nouveaux Missels et Bréviaires, et sur le plain-chant, avec extraits des offices locaux (saints Léon, Girons, Sever, Vincent de Paul, Vincent de Dax, etc.); sur l'office du Sacré Cœur de Jésus (2), la Révolution et le rétablissement de la liturgie romaine à Bayonne (1858). Cette longue introduction se termine par un « Essai de bibliographie sur les livres liturgiques et quelques autres livres de piété ou d'hagiographie » des diocèses de Lescar, Oloron, Bayonne (3) et Auch, qui fait souvent double emploi avec ce qui précède.

J'avoue ne pas « comprendre facilement » pourquoi M. Dubarat n'a « pas pu reproduire dans son intégrité absolue le vénérable Bréviaire de Lescar » et je n'admets pas qu' « il suffisait de faire connaître tout ce qu'il a de

aperçoive dans une édition du romain (1518). Je pourrais relever ailleurs (pp. lxvj, lxvij, lxix) cette préoccupation de voir du romain partout, sans parler d'assertions gratuites : « Le Vieux Parisien, rit éminemment catholique, approuvé par le Saint-Siège » ; quand ? par quel pape ?

(1) « La réforme liturgique fut saluée avec joie dans le monde entier » : affirmation trop générale, qui demanderait des preuves de fait. « Tous les ordres religieux l'acceptèrent, sauf les Dominicains et les Carmes... » : inexact, même avec la restriction apportée. « L'office divin fut près de sa perfection lorsqu'en 1631, Urbain VIII eut légèrement remanié et corrigé les hymnes anciennes » : voir ce qu'il faut penser de cette amélioration dans *Bibl. liturg.*, t. II, p. xlvij-lx.

(2) Les hymnes des SS. CC. de Marie et de Jésus, dont M. D. n'a donné (p. cciv), « faute de place », que les incipits, sont du P. Jean Eudes; ceux qui en désirent le texte le trouveront dans le *Recueil* de ses poésies religieuses publié par l'abbé LECOINTE (Caen, 1881, in-12).

(3) A la date des *Statuta synodalia* (p. ccxix), il manque le mot « trigesimo » (1533); voir p. xlvij. Le *Missale* n'est pas de MDXLII (ibid.), mais du 28 janv. 1543 (1544 n. st.); voir pp. xc, xcij, ccxx. Ces deux fautes ne sont pas corrigées dans l'errata ; il y en a malheureusement un trop grand nombre dans ce livre de luxe.

remarquable et d'indiquer simplement ce qu'il a de commun avec le bréviaire Romain de saint Pie V »; dans ces conditions il y a quelque exagération à dire sur le titre qu'il est « réédité ». Je comprends qu'après avoir indiqué de quelle version sont les psaumes, on s'abstienne de les imprimer ; j'accepte encore qu'on donne des homélies les premiers mots seulement, à la condition toutefois que leur identité soit reconnue (1); pour les hymnes « connues », je tolérerai qu'on se contente de les « indiquer », à la condition que les différences soient *toutes* « soigneusement notées ». Mais il fallait de toute nécessité conserver la charpente, l'ossature du livre : cette règle n'a souffert aucune exception dans les réimpressions si soignées faites en Angleterre de nos jours. Hâtons-nous d'ajouter, pour atténuer cette note un peu sévère que, grâce aux notices et aux résumés dont l'éditeur a fait précéder chaque partie, ces textes perdent de leur monotonie et deviennent intéressants.

L'éditeur a donné en fac-similé : *a*) le frontispice pp. v et lxj ; *b*) les rubriques, p. 12 ; *c*) la fin du Sanctoral, pp. lxij et 220 ; *d*) la dernière page, p. 234 ; et permis ainsi de vérifier l'exactitude de sa reproduction (2). Je crains que, pour une petite économie d'impression, il n'ait privé les historiens de la liturgie de renseignements précieux ; je n'en prendrai plus bas mes exemples que dans les hymnes (3)

(1) Qu'est-ce, par exemple, que le *S. Johann. episcopus Teranensis*, dont un sermon sert de leçon au 1er nocturne de la Toussaint (p. 203)? Aucune des indications proposées (p. 261) n'est admissible, par cette raison que les villes mises en avant ne sont pas épiscopales. Régulièrement il doit s'agir de Terni, *Teran.*, mais dont aucun évêque Jean ne figure dans les histoires littéraires.

(2) Il fallait lire : p. 13a, l. 8, *feriale* au lieu de *feriarum* ; l. 17, *Nisi quia Do[minus]* ; l. 28, *Christe eleison* ; p. 234b, l. 1, *Exaltata es* (et non *est*) ; l. 5, *per te nobis aperte* au lieu de *pro te nobis apte.*

(3) L'auteur dit bien (p. 239) : « Les hymnes offrent parfois quelques variantes, qu'une comparaison facile avec celles d'aujourd'hui fera connaître », fort bien quand il les reproduit, mais lorsqu'il les omet? A la 2e férie, on indique comme hymne à matines « Somno ref. art., », sans mentionner de variantes ; je serais étonné qu'il n'y ait pas au dernier vers : *Lauderis in perpetuum*, au lieu de *L. omni tempore*, que porte la leçon actuelle. A laudes, « Hymn. Splendor eterne » ; je ne connais pas d'hymne commençant ainsi ; il faut, sans

et, si j'insiste à leur égard, c'est que les affirmations de M. Dubarat tendraient à faire croire que nos hymnes

aucun doute, lire « S. Paterne glorie » ; de plus, il y avait plusieurs variantes à noter. L'hymne de matines de la 4e férie a dû subir au moins deux changements : *Ignosce culpis omnibus*, au lieu de *I. tu criminibus*, et *Vides malum quod fecimus*, à la place de *V. m. q. gessimus*, que doit porter le Bréviaire de 1541. Celle de laudes doit avoir *Tu lux Eoi sideris*, qu'a remplacé *Tu vera lux cœlestium*. M. l'abbé Pimont n'a pas eu de peine à venger la leçon de Prudence (*Hymn. du Brév. rom.*, t. I, p. 205-6). L'hymne de la 6e férie à matines, « Tu Trinitatis unitas », loin d'être identique à celle d'aujourd'hui, renferme six changements ; celle de laudes en contient juste autant. Quelqu'un a sûrement commis une distraction en transcrivant le début de l'hymne des martyrs à matines : *Deus tuorum martyrum* (pour *militum*) ; l'erreur est reproduite à la table. L'antienne « Ave stella matutina » (p. 230) est sans conteste en vers, et ils devraient être distingués. A vêpres de la 2e férie, M. D. met : « Hymnus ut hodie, excepta 4a strophe », qui renferme en effet deux variantes, *inveniat* et *terreat*, à la place d'*adaugeat* et *proterat ;* mais le Brév. de Lescar a-t-il, à la fin de la 2e strophe : *dissipent* et non *dissipet ?* A la 3e férie, « Hymn. ut hod. exc. 1a strophe », qui offre également deux variantes, *ingens* et *eruens* au lieu d'*alme* et *separans ;* mais je serais étonné qu'au 4e vers de la dernière, il n'y ait pas *actum* au lieu d'*ictum*. A la 5e férie, dans le 1er vers : « Magnus Deus potentie », il y a, ce semble, une faute de lecture ou d'impression : *Magnus*, au lieu de *Magne* (*Magnæ*), ne se rencontre nulle part. En dehors de la variante *irrogans* pour *erigens*, au 2e vers de la 2e strophe, il doit s'en trouver aux 3e (*ab* omis, l'auteur ambrosien n'admettant pas l'élision) et 4e (*rapiant* pour *repleant*). Dans l'hymne « A solis ortu (*ortus ?*) cardine », je serais étonné que les divergences se bornent aux 5e et 6e strophes ; n'y a-t-il pas à la 4e *verbo concepit* (au lieu de *concepit alvo*) *filium ?* Dans le « Pange lingua gloriosi », il y a de nombreuses variantes (15), en dehors des deux indiquées p. 42 ; on les trouve exactement signalées dans l'ouvrage de M. Pimont (t. III, p. 47-9). Dans le « Veni creator », n'y a-t-il pas, outre les différences marquées, à la 2e strophe : *Qui paraclitus diceris, Domini Dei altissimi*, et au 3e vers de la 6e : *Te utriusque spiritum*, sans l'enclitique *que ?* Aux vêpres de la Trinité, l'hymne manque de sa première syllabe, *O* (la faute est corrigée à l'index) ; j'ai lieu de croire qu'au 3e vers il faut lire *Quod* (et non *Que*) *tibi canimus*. Dans la pièce suivante, il manque sûrement un *O* initial au 3e vers. J'aurais été curieux de savoir si, à la Fête-Dieu, le Brév. de Lescar a une meilleure leçon que *Sic nos tu visita* du « Sacris solemniis ». Dans l'hymne de la Dédicace « Urbs beata Jerusalem », je note la variante *Omnis qui pro Christi fide* (au lieu de *nomen*), qui ne se rencontre pas ailleurs. Dans la suivante, à la place de *vineaque celi Portaque vite : patriam*, lire *niveaque celi Porta, que vite patriam ;* plus loin, *aram* (et non *oram*) ; on trouve la variante *aulam*.

actuelles, à peu de choses près, ont gardé leur parfum d'antiquité. Ce qui donne une quasi certitude à mes conjectures sur les variantes du Brév. de Lescar, c'est l'identité des parties publiées avec ma *Poésie liturgique traditionnelle*. Les Bréviaires de cette époque renferment d'ordinaire des offices rimés; l'origine de quelques-uns remonte au XIVe siècle. Celui de Lescar en est assez pourvu, mais l'éditeur ne les a pas toujours reconnus et la disposition des vers n'est pas accusée (1).

Une trentaine de pages terminent ce volume : celles qui touchent à l'histoire ne sont pas du ressort de cette étude. M. Dubarat semble avoir eu des remords d'avoir fait subir au texte à reproduire des coupures exagérées; c'est là qu'on trouvera une partie des offices de Noël et de la Trinité, en compagnie d'autres hymnes puisées dans divers recueils. Je voudrais dire que la table des poésies liturgiques est exacte, mais j'y ai constaté des lacunes et aussi des erreurs dans les renvois.

Cette longue critique de la première réimpression d'un Bréviaire chez nous aura peut-être l'avantage de profiter à ceux qui se décideraient à imiter le courageux exemple de l'aumônier du lycée de Pau. En poursuivant l'ordre alphabétique pour les travaux de ce genre, nous trouvons le Calendrier de l'église du Puy, publié par M. CHASSAING; celui de la métropole de Reims, par l'auteur de cet article; — le Cérémonial de l'église du Puy, par l'abbé PAYRARD; — les Hymnaires de Moissac et du Paraclet, par le P. DREVES; — les Institutions de la cathédrale de Marseille, par Ul. CHEVALIER; — les Ordinaires de Laon et de Reims, par le

(1) L'office de la Conception de Marie : « Gaude mater Ecclesia », est tout entier en vers (on l'a reconnu trop tard, p. 242); il figure dans un assez grand nombre de Bréviaires (*Rep. hymn.*, no 6857). La tendance à la mesure et au rythme se manifeste même dans les pièces dont l'ensemble n'est pas rimé, comme l'office de l'apôtre saint Thomas : « O decus apostolicum, | Christe redemptor gentium, | quem Thomas apostolus, | tactis cicatricibus, | Deum cognovit Dominum | ... Les antiennes et les répons de l'office de saint Antoine ermite sont complètement en vers (observé p. 243); de même à ceux de saint Blaise, de saint Grégoire le Grand, de saint Gabriel, de saint Joseph, de saint Jérôme, de la Présentation.

même ; celui de Saint-Pierre de Lille, par Mgr HAUTCŒUR ; — le Pontifical d'Amiens, par V. DE BEAUVILLÉ et H. JOSSE ; — le Prosaire de la métropole de Reims, par Ul. CHEVALIER ; celui de Saint-Martial de Limoges, par le P. DREVES ; — le Prosolaire de l'église du Puy, par Ul. CHEV. ; — le Rituel de Saint-Martin de Tours, par NOBILLEAU ; celui de Saint-Omer, par DESCHAMPS DE PAS ; celui de Soissons, par POQUET ; — le Sacramentaire de Nevers, par CROSNIER ; celui de Saint-Remi de Reims, par Ul. CHEVALIER ; — l'Usuaire de Châlons-sur-Marne, par Ed. DE BARTHÉLEMY.

L'étude de la liturgie est indispensable au clergé : personne ne saurait s'y intéresser plus que lui. La pratique ne devient intéressante qu'à la condition de se rendre compte, par la connaissance des documents, des anciens usages. Ces recherches sont-elles en honneur chez nous ? Je regrette d'éprouver, à cet égard, des craintes qui me paraissent trop fondées.

Pour les nécessités du culte, y a-t-il au moins le labeur honnête et indispensable ? Voici un autre fait, qu'on tiendra pour un signe du temps. Je connais un diocèse, où la rédaction de l'*ordo* de cette année a été confiée à des mains si inexpérimentées — bien que le prêtre en question soit docteur en théologie (de Rome) — qu'une page et plus de la *Semaine religieuse* est nécessaire chaque mois pour réparer les bévues et omissions de ce détestable travail. La postérité aura peine à croire qu'une semblable négligence fût possible. Le fait restera unique, espérons-le, mais il peut expliquer la composition des commissions liturgiques auxquelles nous devons la plupart des Offices propres encore en vigueur. *Caveant consules !*

ÉVÊCHÉS

Agde. — MAUBON, *Livres liturg. Montpellier* (1895), p. 46-50.

Agen. — LABRUNIE (J.), Les livres liturgiques de l'église d'Agen considérés comme monuments historiques, dissertation publiée et annotée par Adolphe MAGEN (extr. des *Essais hist. et crit.* de d'Argenton *sur l'Agenais*), dans *Rec. d. trav. de la soc. d'agric. d'Agen* (1860/1), 2e s., t. I, p. 215 ; Agen, 1861, in-8o, 80 p.

Aire. — CARAMAN, Offices antiques d'Aire et de Dax, dans *Bull. soc. Borda* (1893), t. XVIII, pp. 51-88, 143-70 ; Dax, 1893, in-8o, 66 p.

Aix. — ROSTAN (L.), Les jeux de la Fête-Dieu à Aix, procession dramatique au XVe siècle, dans *Bull. monum.* (1851), 2e s., t. VII, p. 468. — RIBBE (Ch. de), Anciens usages de l'église métropolitaine d'Aix pendant le carême, la semaine sainte et les fêtes de Pâques ; Aix, 1862, in-8o. — GUILLIBERT (Fél.), Aperçu sur l'histoire liturgique de l'église d'Aix ; Aix, 1878, in-8o, 66 p. — MARBOT (E.), Les livres choraux de Saint-Sauveur d'Aix, dans *Bull. histor.-philol. du com. d. trav.* (1894), pp. 57-9 et 164-75 ; Paris, 1894, in-8o, 12 p. ; — Bréviaires Aixois, deux dates et un nom ; Aix, 1896, in-8o, 11 p. ; — La célébration du mariage à Aix aux XVe et XVIe siècles, dans *Mém. acad. Aix* (1895), t. XVI, p. ; Aix-en-Provence, 1898, in-8o, 22 p. — L'ancien vicaire général d'Aix fait imprimer en ce moment, sous le titre : *La Liturgie Aixoise*, une étude historique, bibliographique et descriptive des textes liturgiques et des cérémonies en usage à Saint-Sauveur depuis le XIIIe siècle, d'après les documents originaux.

Albi. — RIVIÈRES (des), Un calendrier liturgique de l'Hôtel-de-Ville d'Albi et un calendrier de Rabastens, dans *Bull. soc. archéol. midi France* (1898), p. 148-54.

Amiens. — [RIGOLLOT], Essai sur la vie... du P. Daire..., avec les épîtres farcies telles qu'on les chantait dans les églises d'Amiens au XIIIe siècle ; Amiens, 1838, in-8o, 120 p. — ROZE, Phases diverses de la liturgie dans le diocèse d'Amiens, dans *Congrès scientif. France* (1867/8), t. XXXIV, p. 478-85. — BEAUVILLÉ (Vict. de) et JOSSE (Hect.), Pontifical d'Amiens, publié d'après un manuscrit original du XIe siècle, avec notes et commentaires ; Amiens, 1885, in-4o, 2 f. xiij-143 p., 5 pl. — POUJOL DE FRÉCHENCOURT (F.), Note sur un Evangéliaire de l'église Saint-Remy d'Amiens, dans *Bull. soc. antiq. Picardie* (1887), t. XVI, p. 236-8. — GUYENCOURT (de), Les Gravures du Bréviaire d'Amiens, 1746-1889 ; Amiens, 1889, in-8o. — GUERLIN (R.), Deux Bréviaires manuscrits conservés au monastère des religieuses Clarisses à Amiens ; Paris, 1894, in-8o, 123 p. — SOYES (E.), La procession du Saint-Sacrement et les processions générales à Amiens; Amiens, 1896, in-8°.

Angers. — CHAMARD, Le sacre d'Angers, dans *Rev. de l'art chrét.* (1860), t. IV, p. 147-54. — BARBIER DE MONTAULT (X.), La procession de l'Ascension à Angers, dans *Rev. de l'Anjou* (1874, janv.); — Les livres d'Heures de la bibliothèque d'Angers; Angers, 1889, in-8°, 33 p.; — Heures angevines du chan. Tardif, dans *Rev. hist. de l'Ouest* (1889), t. V, II, p. 225-20; — Les Bréviaires manuscrits de la bibliothèque d'Angers, dans *Rev. prov. Ouest* (1890), t. I, p. 281-91.

Angoulême. — Lettre pastorale de Mgr l'évêque d'Angoulême [SÉBAUX] portant promulgation du Propre des saints du diocèse; Angoulême, 1884, in-4°, 13 p. — Lettre circulaire de Mgr l'évêque d'Angoulême concernant les patrons de lieux et les titulaires des églises du diocèse; Angoulême, 1885, in-4°, 20 p.

Annecy.— PONCET (P. F.), Mémoire sur le plain-chant en Savoie, principalement dans le diocèse d'Annecy, dans *Mém. acad. Salésienne* (1883), t. VI, pp. 37-50, [1-7]; Annecy, 1883, gr. in-8°, 16 p.

Apt. — TERRIS (Paul), Recherches historiques et littéraires sur l'ancienne liturgie de l'église d'Apt, dans *Mém. soc. litt. Apt* (1874), 2e s., t. I, p. 175-248; Avignon, 1874, in-8°, 1 f.-78 p.

Auch. — KUNC (Aloys), Recherches historiques sur l'art musical religieux dans la province ecclésiastique d'Auch, dans *Bull. com. hist.-arch. Auch* (1860-1), I, 20; II, 594-609; — Des tropes et autres chants liturgiques farcis du moyen âge dans l'archidiocèse d'Auch, dans rec. cité (1863), IV, 53-80, a-I. — COUTURE (Léonce), Prières et rhythmes latins extraits d'un Orationnel manuscrit de la bibliothéque du séminaire d'Auch, dans rec. cité, t. IV, p. 129-36, 346-50. — DURIER (C.), Le Missel auscitain incunable de Pavie (1495), dans *Rev. de Gascogne* (1884), t. XXXV, p. 391; cf. L. C., p. 392. — CAZAURAN, Liturgie de la province d'Auch; Auch, 1891, in-8°, 27 p. — BREUILS (A.), Notes bibliographiques sur la liturgie d'Auch à la fin du XVe siècle, dans *Rev. de Gascogne* (1894), t. XXXV, p. 303-5.— CARSALADE DU PONT (de), Un livre d'Heures auscitaines enluminé, dans rec. cité (1898), t. XXXVII, p. 273-5.

Autun. — DEVOUCOUX, Ancienne liturgie du diocèse d'Autun, dans *Congrès archéol. France* (1847/8), t. XIV, p. 231-62, 4 pl. — BULLIOT, Séquestration des lépreux, cérémonial usité dans le diocèse d'Autun [d'après un Rituel de 1545], dans *Bull. soc. émul. Allier* (1856-8), VI, 48. — DELISLE (Léop.), Sacramentaire de l'église d'Autun, dans *Bibl. de l'école d. Chartes* (1876), t. XXXVII, p. 477-80; *Gazette archéol.* (1884), t. IX, p. 153-63, 4 pl.; Paris, 1884, gr. in-8°, pl. — CHARMASSE (A. de), Note sur un Sacramentaire manuscrit de la bibliothèque du Vatican, dans *Mém. soc. Eduenne* (1879), t. VIII, p. 477-83, pl.; *Bibl.* cit. (1879), t. XL, p. 140-2. — PELLECHET (Mar.), Notes sur les livres liturgiques des diocèses d'Autun, Chalon et Mâcon, avec un choix de leçons, d'hymnes et de proses composées en l'honneur de quelques saints spécialement honorés dans ces diocèses; Autun, Paris, 1883, gr. in-8°, xij-540 p.

Auxerre. — LEBEUF, Mémoires sur la fête des fous, tirés des registres de la cathédrale d'Auxerre (1395-1411), dans ses *Mém. hist. Auxerre* (1848), t. IV, p. 232-4.

Avranches. — TRAVERS (Jul.), Le Bréviaire de P.-D. Huet, dans *Mém. acad. scien. Caen* (1860), p. 121. — PIGEON : voy. Coutances.

Bayeux. — LAFFETAY, Essai historique sur l'antiquité de la foi dans le diocèse de Bayeux et le culte de quelques saints récemment introduits dans le calendrier liturgique de ce diocèse; Caen, 1861, in-8°. — HATTAT, Sur un Sacramentaire du diocèse de Bayeux imprimé au XVI° siècle, dans *Bull. soc. antiq. Normand.* (1864), t. III, p. 91-3.

Bayonne. — Voir plus haut la découverte du Missel de 1543.

Beauvais. — CORBLET, Recherches historiques sur la fête de l'âne à Beauvais; Paris, 1841, in-8°. — MOREL (E.), L'ancienne liturgie des diocèses de Beauvais, Noyon et Senlis; Beauvais, 1889, in-8°, 16 p.; cf. *Bull. histor. et philol.* (1888), p. 118; (1889), p. 140; — Les offices de la quinzaine de Pâques au XIII° siècle, dans le diocèse de Beauvais et dans les diocèses voisins; in-8°, 20 p.; cf. *Bull. cité* (1891), p. 162-3; — Les cérémonies du mariage dans les diocèses de Beauvais, Noyon et Senlis au XV° siècle; in-8°, 12 p.; — Un témoin de l'ancienne liturgie romaine Beauvaisienne, in-8°, 5 p. — Les aventures d'un vieux Missel de Jonquières, imprimé par Simon Vostre en 1520, dans *Bull. ill. dioc. Beauvais* (1895), 46-51. — PIHAN (L.), Un épistolaire de la cathédrale de Beauvais (ms. de l'an 1700), dans *Mém. soc. acad. Oise* (1885), t. XII, p. 756-63.

Besançon. — GUIBARD, Cérémonies qui se pratiquaient au moyen âge dans nos deux cathédrales de Saint-Jean et de Saint-Etienne; Besançon, 1871, in-8°, 15 p. — GAUTHIER (Jules), La fête des fous au chapitre de Besançon, dans *Acad. d. sciences de Besançon* (1877), p. 183. — CASTAN (Aug.), Le premier livre imprimé en Franche-Comté [Bréviaire de 1484], dans *Mém. soc. émul. Doubs* (1879/80), 5° s., t. IV, p. 53-61; *Rev. d. sociétés savantes* (1881), 7° s., t. III, p. 223-30.

Béziers. — MAUBON, *Livres liturg. Montpellier* (1895), p. 50-5.

Blois. — PORCHER (R.), Monumenta Proprium sanctorum diœcesis Blesensis e fonte traditionali derivandum spectantia; Paris, in-4°.

Bordeaux. — CIROT DE LA VILLE, Notice sur un Eucologe manuscrit du XIII° siècle conservé dans l'église Saint-Seurin de Bordeaux, dans *Congrès scientif. France* (1861/2) 28° s., t. I, p. 82. — CISTAC (Jules), A propos des « Chants de la primatiale », dans *Revue cath. de Bordeaux* (1891), t. XIII, p. 533-7. — ALLAIN (E.), Un Ordo ad sponsandum Bordelais du XV° siècle, dans *Bull. histor.-philol. com. trav.* (1894), p. 116-24, cf. 46-7; Paris, 1895, in-8°, 11 p.

Boulogne. — HAIGNERÉ (D.), Mémoire sur l'histoire de la liturgie dans l'ancien diocèse de Boulogne, dans *Ann. de philos. chrét.* (1850), 4e s., t. I, p. 200-18.

Bourges. — RICHAUDEAU, Observations critiques sur le Bréviaire de Bourges, Paris, in-8°. — B. (H.), Description d'un exemplaire des Heures de Bourges de 1568..., dans *Mém. soc. histor.-littér. du Cher* (1873), 2e s., t. II, p. 370.

Cambrai. — HAUTCŒUR (E.), La liturgie Cambraisienne au XVIIIe siècle et le projet de Bréviaire pour tous les diocèses des Pays-Bas, dans *Anal. pour l'hist. ecclés. de la Belgique* (1881), 2e s., t. I, p. 253-324; Louvain, 1882, in-8°; — Un chapitre inconnu de la liturgie, dans *Rev. des sciences ecclés.* (1882), 5e s., t. V, p. 215-38; — Une consultation de droit liturgique, dans rec. cité, p. 251-4; — Mémoire sur le Propre du diocèse de Cambrai; Lille, 1882, in-8°, 73 p.; — Mémoire sur les patrons des lieux et sur les titulaires des églises dans le diocèse de Cambrai; ibid., 1883, in-8, 3 f.-69 p.

Chalon-sur-Saône. — PELLECHET (Mar.) : voy. Autun.

Châlons-sur-Marne. — BOITEL, Processions des châsses de la Fête-Dieu et de l'Assomption de la bienheureuse Vierge Marie, mère de Dieu, notices historiques et archéologiques; Châlons, 1875, in-12, 156 p. — BARTHÉLEMY (Ed. de), Usuaire de l'église cathédrale de Châlons-sur-Marne au XIIIe siècle, publié pour la première fois d'après les documents originaux; Châlons-Paris, 1878, in-12, 56 p. — LUCOT, La procession des châsses à Châlons le lundi et le mardi de la Pentecôte : origine, caractère et cérémonial de cette procession, d'après les documents des XIIe-XVIIIe siècles..., dans *Mém. soc. agric. Marne* (1880-1), p. 199-303, pl.; Châlons, 1881, in-8°, 107 p., pl. — BARTHÉLEMY (Ed. de), Un *Ordo* de la cathédrale de Châlons-sur-Marne, dans *Rev. de Champagne* (1886), t. XXI, p. 1-12.

Chartres. — ROUX (L.), Liturgie gallicane Chartraine, dans *Mém. soc. archéol. Eure-et-Loir* (1860-3), t. II, p. 265-82, pl.; t. III, p. 1-23.

Clermont. — VERNIÈRE (A.), Itinéraires des processions dans la ville de Clermont à la fin du XVe siècle; Clermont, 1886, in-8°, 11 p.

Coutances. — PIGEON, Les anciens livres liturgiques dans les diocèses de Coutances et d'Avranches, dans *Mém. soc. acad. Cotentin* (1884), t. IV, p. 216; Coutances, 1885, in-8° 22 p. — ADAM (J.-L.), La fête de l'Immaculée-Conception, dite « fête aux Normands », d'après les quatre Bréviaires manuscrits de Coutances conservés à la bibliothèque de Valognes, dans *Revue cath. de Normandie* (1895), t. V, pp. 115-26, 357-92, 4 pl.; Evreux, 1895, in-8°, 58 p.

Dax. — CAZAURAN : voy. Aire.

Die. — CHEVALIER (C. U. J.), Notice sur un Missel de l'église de Die imprimé au XVe siècle [1490], dans *Pet. Rev. d. biblioph. Dauphin.* (1869), t. I, p. 95-103; Grenoble, s. d., in-8°, 8 p. Ce superbe exemplaire a été vendu, depuis lors, par M. l'abbé Amodru au comte de Villafranca. —

M. le chan. Jules Chevalier a mis récemment en souscription la réimpression des Bréviaires de Die de 1498 et 1532 ; il a décrit « les livres liturgiques de l'église de Die antérieurs au concile de Trente », dans son *Essai historique sur... Die* (1896), t. II, p. 559-71.

Dijon. — Marcel (L.) : voy. Langres.

Dol. — Delisle (Léop.), Le Missel de Thomas James, évêque de Dol, manuscrit [1483], dans *Biblioth. de l'éc. d. Chartes* (1882), t. XLIII, p. 311-5 ; Nogent-le-Rotrou, 1882, in-8°, 5 p. — Plaine (Franç.), dans *Bull. soc. archéol. Finist.* (1887), t. XIV, p. 125-6.

Elne. — Tourret (G. M.), Les anciens Missels du diocèse d'Elne, dans *Mém. soc. antiq. France* (1885), 5e s., t. VI, p. 33-88 ; Nogent-le-Rotrou, 1886, in-8°, 66 p.

Embrun. — Fazy (J.), Les livres de chœur de l'ancienne métropole d'Embrun, dans *Bull. soc. études Hautes-Alpes* (1893), 2e s., t. II, p. 34-49.

Fréjus. — Mireur, La fête des Innocents à Fréjus en 1558, dans *Bull. histor.-philol.* (1885), p. 187-91 ; Paris, 1886, in-8.

Gap. — Roman (J.), Bréviaire de Gap de 1499, dans *Bull. hist.-archéol. dioc. Valence* (1882), t. II, p. 287-90.

Langres. — Marcel (L.), Les livres liturgiques imprimés de l'église de Langres; Paris-Langres, 1890, in-8, viij-88 p.; — Les livres liturgiques manuscrits de l'église de Langres ; ibid., 1891, in-8, 116-iv p.; — Les livres liturgiques du diocèse de Langres, étude bibliographique, suivie d'un appendice sur les livres liturgiques du diocèse de Dijon et d'une note sur les travaux d'histoire liturgique en France au xixe siècle; ibid., 1892, in-8, 2 f.-xx-354 p.

Laon. — Hidé (Ch.), Notice sur les fêtes de l'évêque dit Innocent et du patriarche des Fous à Laon, sur quelques autres joyeuses associations et sur leurs monnaies de plomb, dans *Bull. soc. acad. Laon* (1863), t. XIII, p. 111, 2 pl. ; Laon, 1864, in-8, 23 p., 2 pl. — Link (Th.), dans *Zeitschr. f. roman. Philol.* (1887), t. XI, p. 37-40. Cff. *Bull. histor.-philol.* (1887), 317; *Romania* (1888), XVII, 148. — Baton (D.), Essai historique sur la dévotion au Saint Sacrement et l'établissement de la Fête-Dieu à Laon, dans *Congrès eucharist. Reims* (1894); Chauny, 1896, in-8°, 24 p. — Chevalier (Ulysse), Ordinaires de l'église cathédrale de Laon (xiie et xiiie siècles), suivis de deux Mystères liturgiques, publiés d'après les manuscrits originaux (*Biblioth. liturgique*, t. VI); Paris, 1897, in-8, xliij-409 p., 2 pl.

Laval. — Raulin (J.), La procession de la Fête-Dieu et les corporations de Laval; Laval, 1887, in-8.

Lescar. — Dubarat (V.), Le Bréviaire de Lescar de 1541 réédité avec une introduction et des notes sur nos anciennes liturgies locales; Pau-Paris, 1891, in-4°, vj-ccxxxviij-273 p. Cf. Couture (Léonce), dans *Rev. de Gascogne* (1891), XXXII, 469-75, 513-29.

Limoges. — Cessac (P. de), L'évêque de Limoges abolit dans son diocèse, en 1746, les fêtes que supprimera pour toute la France le Concordat de 1801, dans *Bull. monum.* (1871), 4e s., t. VII, 320-4. — ARBELLOT, dans *Bull. histor.-philol.* (1888), p. 114. — GUIBERT (L.), Coutumes singulières de quelques confréries et de quelques églises du diocèse de Limoges, dans *Bull. soc. archéol.-histor. Limousin* (188?), t. XXVI, p. 284.

Lodève. — MAUBON, *Livres liturg. Montpellier* (1895), p. 55-9.

Lombez. — COUTURE (Léonce), La musique et le plain-chant dans l'église de Lombez au XVIIe siècle, dans *Rev. de Gascogne* (1873), t. XIV, p. 457-78.

Luçon. — DELISLE (Léop.), Le Missel et Pontifical d'Etienne de Loypeau, évêque de Luçon, dans *Biblioth. de l'éc. des Chartes* (1887), t. XLVIII, p. 527-34; Nogent-le-Rotrou, 1888, in-8, 9 p. — BARBIER DE MONTAULT, L'office de la Conception à Luçon au XVe siècle, dans *Rev. du Bas-Poitou;* Vannes, 1888, in-8, 40 p. — BOUTIN (H.), Légendes des saints du Propre de l'église de Luçon, trad. du latin du Bréviaire et annotées; Fontenay-le-Comte, 1892, in-8, xiij-540 p.

Lyon. — MOREL DE VOLEINE (L.), Recherches historiques sur la liturgie Lyonnaise, dans *Rev. du Lyonnais;* Lyon, 1856, in-8, 43 p. — CONNY (de), Recherches sur l'abolition de la liturgie antique dans l'église de Lyon; Lyon-Paris, 1859, in-12, 2 f.-143 p. — BOUIX (D.), La liturgie de Lyon au point de vue de l'histoire et du droit, dans *Rev. d. sciences ecclés.* (1862), t. VI, pp. 20-33, 132-53, 240-58, 330-52. — [ROUX], La liturgie de la sainte église de Lyon d'après les monuments; Lyon, 1864, in-8, 4 f.-168 p. — DELISLE (L.), Sur un Psautier du VIe siècle appartenant à la bibliothèque de Lyon, dans *Comptes rendus acad. inscript. et belles-lettres* (1879/80), 4e s., t. VII, p. 231-3. — POTHIER (J.), Le chant de l'église de Lyon du VIIIe au XVIIIe siècle, dans *Rev. de l'art chrét.* (1881), 2e s., t. XV, p. 74-85; Arras, 1881, in-8. — GAUTHIER (Jul.), Le Missel et Pontifical d'Amédée de Talaru, archevêque de Lyon, dans *Biblioth. de l'éc. des Chartes* (1888), t. XLIX, p. 350-67. — GUIGUE, Recherches sur les Merveilles, fête antique et populaire de la ville de Lyon, encore célèbre à la fin du XIVe siècle; Lyon, 1886, in-8o. — SACHET (A.), Le grand jubilé de Saint-Jean de Lyon (1451-1546-1666-1734); Lyon, 1886, in-4o, LV-510 p., 13 pl., 100 grav.

Mâcon. — PELLECHET (Mar.) : voy. Autun. — DUMOULIN (M.), Le Calendrier de l'église de Mâcon à l'usage de Charlieu; Montbrison, 1896, in-8o.

Maguelonne. — THOMAS (Eug.), Sur un Psautier et un Missel manuscrits de Maguelonne (XVe siècle), dans *Mém. soc. archéol. Montpellier* (1864), t. III, p. 79-100. — GERMAIN (A.), Usages liturgiques de l'église de Maguelonne, dans rec. cité (1869), t. V, p. 647-58. — MAUBON, *Livr. liturg. Montpellier* (1895), p. 38-41.

Mans (le). — LOCHET, Mémoire sur les confréries et sur la cérémonie du Deposuit, dans *Bull. monum.* (1844), t. X, p. 443-9. — LOTTIN, Avant-projet du Propre liturgique du diocèse du Mans; Le Mans, 1853, in-4°. — Notice historique sur la procession des Rameaux au Mans...; Le Mans, 1862, in-18. — TRIGER (Rob.), La procession des Rameaux au Mans, dans *Rev. hist.-archéol. du Maine* (1883), t. XIV, pp. 151-216, 316-85; Mamers, 1884, in-8, 139 p.

Marseille. — MATHIEU (J.), Les grandes processions à Marseille depuis le moyen âge jusqu'à nos jours; Marseille, 1864, in-12. — CHEVALIER (Ulysse), Institutions liturgiques de l'église de Marseille (XIIIe siècle), publiées d'après le manuscrit original, suivies de documents sur la liturgie et les bibliothèques Provençales (*Biblioth. liturgique*, t. VIII); Valence, 1899, in-8.

Meaux. — L'HUILLIER (Th.), Bossuet et l'offrande royale du jour de saint Etienne dans la cathédrale de Meaux; Meaux, 1878, in-8°.

Mende. — IGNON (J. J. M.), Notice sur l'usage de la bénédiction des pains dits de l'Ascension à Mende, dans *Mém. de la soc. agric. Mende* (1845-6), p. 179. — ROUSSEL (Théoph.), Notes sur quelques points relatifs à l'ancienne liturgie du diocèse de Mende et à un ouvrage inédit de Guillaume Duranti [Pontifical], dans *Bull. soc. agric. Lozère* (1861), t. XII, p. 38. — BALDIT, Jubilé de 1500 à Mende, dans rec. cité, p. 149. — VINAS, Note sur un ancien Missel de l'église de Mende, dans *Congrès archéol. France* (1857/8), t. XXIV, p. 81-5.

Metz. — DUPONT DES LOGES, Histoire du rite de l'église de Metz, dans *Mém. soc. archéol.-hist. Moselle* (1859/60), p. 36; — Histoire du chant religieux à Metz, dans *Bull. soc.* citée (1859), t. II, p. 101. — ABEL (Charl.), Des vestiges de l'ancienne liturgie dans la Moselle, dans rec. cité (1862), t. V, pp. 53, 245. — REMY, réponse, dans rec. cité, p. 182. — CURICQUE, dans rec. cité, p. 186. — PROST (Aug.), Caractère et signification de quatre pièces liturgiques composées à Metz, en latin et en grec, au IXe siècle, dans *Mém. soc. antiq. France* (1876), 4e s., t. VII, p. 149-320; Nogent-le-Rotrou, 1877, in-8, 176 p. — BONNARDOT (Franç.), Le Psautier de Metz, texte du XIVe siècle, édition critique publiée d'après quatre manuscrits (*Bibl. Franç. moyen âge*, t. III); Paris, 1884, t. I, in-8°, 464 p. — DEWICK (E. S.), On a ms. Pontifical of a bishop of Metz, of the fourteenth century [Raynaud de Bar, 1302-16], dans *Archaeologia* (1895), t. LIV, p. 411-24; Westminster 1895, in-4° de 1 f-14 p., 9 pl.

Montpellier. — MAUBON, Les livres liturgiques du diocèse de Montpellier, dans *Congrès soc. bibliogr.* (1895); Montpellier, 1895, in-8, 62 p.

Nantes. — [RICHARD], Missæ et officia propria diocesis Nannetensis correctioni et approbationi SS. p. n. Pii IX papæ proposita; Nannetis, 1857, in-4°, 231 p. — De cæremoniis propriis ecclesiæ

Nannetensis, commentarius historicus et liturgicus; Nannetis, 1863, in-4°. — PLAINE (Franç.), dans *Bull. soc. archéol. Finistère* (1887), t. XIV, p. 118-20.

Nevers. — BOUTILLIER (F.), Des custodes ou coutres de l'église Saint-Cyr, dans *Bull. soc. Nivern. scien.* (1863), 2e s., t. I, p. 455. — CROSNIER (A.-J.), Recherches sur l'origine de la soutane rouge que portent, pendant l'été, les chanoines de Nevers aux fêtes solennelles, dans rec. cité, p. 253; — Recherches sur les auteurs liturgiques du diocèse de Nevers, dans rec. cité, p. 327; — Sur un Sacramentaire Nivernais du XIe siècle conservé à la Bibliothèque nationale, dans rec. cité (1867), 2e s., t. II, p. 337; — Sur un Sacramentaire Nivernais du Xe siècle conservé au British museum, dans rec. cité, p. 351; — Études sur la liturgie Nivernaise, son origine et ses développements; Nevers, 1868, in-8, 200 p.; — Sacramentarivm ad vsum æcclesiæ Nivernensis, cooper. R. de Lespinasse, M. Fouché et C. Morizot; Nivernis, 1873, in-4°, 2 f.-xlvj-405 p., 7 pl. — DELISLE (Léop.), Le mystère des rois Mages dans la cathédrale de Nevers, dans *Romania* (1875), t. IV, p. 1-6. Cf. *Biblioth. de l'éc. d. Chartes* (1873), XXXIV, 657-8; — BOUTILLIER (F.), Drames liturgiques et rites figurés, ou cérémonies symboliques dans l'église de Nevers, dans *Bull. soc. Nivern.* (1880), 2e s., t. VIII, p. 441; Nevers, 1880, in-8, 91 p. — MILLET, Dimanche des Brandons, dans *Bull. soc. Nivern.* (1854), t. I, p. 406; — Usages et faits religieux dans le Nivernais, dans rec. cité (1855), t. II, p. 118. — PRUNIER, Sur le costume des chanoines de Nevers en 1742, dans *Congrès scientifique France* (1859), t. XXXIX, p. 616.

Noyon. — MULLER (E.), L'Evangéliaire de la cathédrale de Noyon; Noyon, 1870, in-8°, 31 p. — MOREL (E.): voy. Beauvais.

Paris. — CARON, Notice historique sur les rites de l'église de Paris; Paris, 1846, in-8. — PINARD (T.), Remarques sur la liturgie des églises de Rome et de Paris, dans *Ann. archéol.* (1850), t. VI, p. 503-9. — Calendrier Parisien, dans *Annuaire soc. hist. France* 1854/8), t. XVIII, p. 26-37. — DELISLE (Léop.), Notice sur un Sacramentaire de l'église de Paris, dans *Mém. soc. antiq. France* (1857), 3e s., t. III, p. 165-71; Paris, in-8, 7 p.; — Sacramentaire de l'église de Paris [au Vatican], dans *Biblioth. de l'éc. d. Chartes* (1876), t. XXXVII, p. 483-5. — OMONT (H.), Note sur un Missel de la confrérie de Saint-Pierre et Saint-Paul en l'église du Saint-Sépulcre de Paris [à Copenhague], dans *Bull. soc. hist. Paris* (1889), t. XVI, p. 117. — MORIN (G.), Le Lectionnaire de l'église de Paris au VIIe siècle, dans *Rev. Bénédict.* (1893), t. X, p. 438-41.

Poitiers. — COUSSEAU, Mémoire sur l'ancienne liturgie du diocèse de Poitiers et sur les monuments qui nous en restent, dans *Mém. soc. antiq. Ouest* (1838-9), t. III, p. 293-341; t. V, p. 211-99, pl.; Poitiers, 1839, in-8. — RÉDET, Un épisode des processions des

Rogations à Poitiers en 1466, dans *Bull. soc.* citée (1859), t. VIII, p. 210-9. — Barbier de Montault, Documents historiques et liturgiques inédits, dans *Rev. de l'art chrét.* (1859), t. III, p. 183-6. — Didot (Ambr. Firmin), Missel de Jacques Juvénal des Ursins, cédé à la ville de Paris...; Paris, 1861, in-8, 56 p. — Gautier (L.), Notice sur un livre liturgique appartenant à... G. Stephens de Copenhague, dans *Bibl. de l'éc. d. Chartes* (1877), t. XXXVIII, p. 483-90; Nogent-le-Rotrou, 1877, in-8. — Barbier de Montault, Un Missel Poitevin du xve siècle, dans *Rev. de l'art chrét.* (1886), 3e s., t. IV, p. 90-2. — Gerbier, Quelques notes sur l'histoire de la liturgie dans le diocèse de Poitiers; Poitiers, 1896, in-8°.

Puy (le). — Demiau (Henri), Mémoire [sur l'ancienne liturgie du diocèse du Puy], dans *Congrès scientif. France* (1855/6), Le Puy, t. II, p. 520. — Montrouzier (H.), Etude sur l'antique liturgie de l'église du Puy, dans *Rev. des sciences ecclés.* (1870), 3e s., t. I, p. 437-46. — Balme (K.), Une procession de la Vierge noire du Puy en 1709, dans *Tablettes histor. de la Haute-Loire* (1870), t. I, p. 260-7. — Pouderoux, Mémoire sur le jubilé de Notre-Dame du Puy, publié d'après les mss. de l'auteur et annoté par J.-B. Payrard, dans *Tabl. hist. du Velay* (1873-4), t. III, pp. 203-29, 405-50; t. IV, pp. 106-37; 206-19, 323-34; Le Puy, 1874, in-8, 127 p. — Payrard (J.-B.), Ancien Cérémonial de l'église angélique du Puy, dans rec. cit. (1875-6), t. V, p. 585-94; t. VI, pp. 77-82, 176-84, 461-74; t. VII, p. 60-4. — Lascombe (A.), Relation du jubilé de Notre-Dame du Puy en 1701, dans rec. cité (1876), t. VI, p. 567-605. — Chassaing (Aug.), Calendrier de l'église du Puy-en-Velay au moyen âge, dans *Ann. soc. agric. du Puy* (1876-7/82), t. XXXIII, p. 265-93; Paris, 1882, in-8, 34 p. — Chevalier (Ulysse), Prosolarium ecclesiae Aniciensis, dans *Bull. hist.-archéol. dioc. Valence* (1893-4), t. XIII, II, p. 140-92; t. XIV, II, p. 193-202;... office en vers de la Circoncision en usage dans l'église du Puy publ. (*Biblioth. liturg.* t. V, I), Paris, 1894, in-8, 63 p.

Quimper. — Plaine (Franç.), dans *Bull. soc. archéol. Finistère* (1884-7), t. XI, p. 22; t. XIV, p. 121.

Reims. — [Tarbé (Prosp.)], Les lépreux à Reims au xve siècle, formulaire pour le bannissement des lépreux, extrait d'un Missel de Reims imprimé en 1491; Reims, 1842, in-12, xx-23 p. — Bandeville, Epître [farcie] de M. St Estienne, dans *Séanc.-trav. acad. Reims*, (1848-9), p. 142. — Vota ad instar laudum... eccl. metropol. Rhemen. dans *Stud.-Mittheil. Bened.-Cisterc.* (1883), t. III, II, p. 404-5. — Jadart (H.), Le mariage dans la liturgie Rémoise au xvie siècle, dans *Bull. histor.-philol.* (1885), p. 96. — Cerf (Ch.), Dissertation sur le rational en usage dans l'église Romaine et dans l'église de Reims, dans *Trav. acad. Reims* (1887-8/9), t. LXXXIII, p. 233-62; Reims, 1889, in-8, 30 p.; — La musique dans l'église de Reims, dans rec. cité

(1887-8/90), t. LXXXIV, p. 415-37. — CHEVALIER (Ulysse), Sacramentaire et Martyrologe de l'abbaye de St-Remy, Martyrologe, Calendrier, Ordinaires et Prosaire de la métropole de Reims (VIIIe-XIIIe siècles), publiés d'après les manuscrits de Paris, Londres, Reims et Assise (*Biblioth. liturgique*, t. VII); Valence, 1899, in-8, 7 pl.

Rennes. — Extrait du Missel pontifical de Michel Guibé, évêque de Rennes (1482-1502), dans *Bull. archéol. assoc. Bretonne* (1850), t. II, II, p. 168. — GUILLOTIN DE CORSON, Les usages de l'église de Rennes au moyen âge, dans *Rev. de Bretagne* (1878-9), 5e s., t. V, pp. 249-61, 374-85 ; t. V, p. 5-16. — PLAINE (Franç.), dans *Bull. assoc. archéol. Finistère* (1887), t. XIV, p. 114-8.

Riez. — FÉRAUD, Les saints titulaires de l'église de Riez, avec litanies, messe et office ...; Digne, 1851, in-8, 139 p.

Rodez. — VIALETTES, Mémoire sur les livres liturgiques des diocèses de Rodez et de Vabres, dans *Congrès soc. bibliogr.* (1895); Montpellier, 1895, in-8o, 8 p.

Rouen. — Dissertation sur la légitimité des Bréviaires de France en général et du Bréviaire de Rouen en particulier; Paris-Rouen, 1830, in-8, 2 f.-56 p. — PICARD, Quelques cérémonies allégoriques anciennement en usage dans l'église cathédrale de Rouen, dans *Précis trav. acad. scienc. Rouen* (1847), p. 371-88. — LANGLOIS, Discours... contenant la revue des maitres de chapelle et musiciens de la métropole de Rouen, dans rec. cité (1849-50), p. 199-227. — DARCEL (A.); L'office au XVe siècle d'après une miniature de la bibliothèque de Rouen; Paris, 1853, in-4o, pl. — [BOURDIN], Des liturgies Françaises en général et de la liturgie Normande en particulier...; Paris, 1856, in-18, 350 p. — LANGLOIS, Mémoire sur les variations de la liturgie de Rouen ...; Rouen, 1861, in-8. — La musique sacrée du diocèse de Rouen du IVe au VIIIe siècle, dans *Rev. de Normandie* (1886, juil.); Rouen, 1867, in-8, 16 p. — Le livre d'ivoire [de la cathédrale de Rouen] est-il un diptyque? dans *Bull. comm. antiq. Seine-Infér.* (1886), t. VII, p. 9-10. — GASTÉ (Arm.), Les drames liturgiques de la cathédrale de Rouen, dans *Ann. fac. lettr. Caen* (1888 avr., 1889 juil.) *Rev. cathol. Normand.* (1893), t. II, pp. 349-72, 477-500, 573-605. — TOUGARD, Le culte de quelques saints du diocèse de Rouen du IXe au XIIe siècle, dans *Alman. liturg. dioc. Rouen* (1889); — Catalogue des saints du diocèse de Rouen, d'après les manuscrits de la bibliothèque de Rouen; Rouen, 1872, in-8o. — BEAUREPAIRE (de), De quelques usages de l'église St-Godard de Rouen au XVe siècle, dans *Bull. comm. antiq. Seine-Infér.* (1894), t. IX, p. 391-4. — THIEURY, La Fête-Dieu à Rouen; Rouen, 1857, in-8o.

Saint-Brieuc. — ROPARTZ (S.), Anciens offices des patrons des diocèses de Saint-Brieuc et de Tréguier, dans *Ann. soc. archéol.-hist. Côtes-du-Nord* (1857-60), t. III, p. 269. — PLAINE (Franç.), dans *Bull. soc. archéol. Finistère* (1887), t. XIV, p. 123-4.

Saint-Malo. — Rokewode (John Gage), [Sur un pontifical de St-Malo], dans *Archæologia* (1834), t. XXV, p. 235-71. — Plaine (Franç.), dans *Bull. soc. archéol. Finistère* (1877), t. XIV, p. 124-5.

Saint-Pol-de-Léon. — Plaine (Franç.), dans rec. cité, p. 121-2.

Saint-Pons. — Maubon, *Livres liturg. Montpellier* (1895), p. 59-61.

Saintes. — Grasilier, Rapport sur un Bréviaire manuscrit de Saintes du XIIIe siècle, dans *Rec. actes commis. arts-monum. Charente-Infér.* (1860-7), t. I, p. 131. — Babinet de Rencogne (G.), Description et prix d'un Antiphonaire noté à l'usage du diocèse de Saintes, d'après une charte de 1339, dans *Bull. soc. archéol.-hist. Charente* (1866/7), 4e s., t. IV, p. 529; Angoulême, 1866, in-8, 7 p.

Senlis. — Morel (E.) : voy. Beauvais.

Sens. — Millin (A. L.) Description d'un diptyque qui renferme un Missel de la fête des Fous, lequel est conservé dans la bibliothèque de Sens, avec une notice de ce Missel; Paris, 1806, in-4°. — Chérest (Aimé), Nouvelles recherches sur la fête des Innocents et la fête des Fous dans plusieurs églises et notamment dans celle de Sens, dans *Bull. soc. scienc. Yonne* (1853), t. VII, p. 7-82; Auxerre, 1853, in-8. — Bourquelot (Fél.) L'office de la fête des Fous, publié d'après le manuscrit de la bibliothèque de Sens et annoté, dans *Bull. soc. archéol. Sens* (1854); Sens, 1856, in-8, 103 p. — Heuré (Paul), L'office de la fête des Fous et son diptyque d'ivoire à la bibliothèque de Sens, dans *Curiosité univers.* (1890 oct. 27); *Rev. de Champagne* (1890), 2e s., t. II, p. 956-60.

Soissons. — La Prairie (Jul. Leclercq de), Observations sur les livres liturgiques du diocèse de Soissons, dans *Bull. soc. archéol. Soissons* (1852), t. VI, p. 52; Soissons, 1852, in-8, 22 p. — Poquet, Rituale seu mandatum insignis ecclesiæ Suessionensis, tempore episcopi Nivelonis exaratum; Suessione, 1856, in-4°, xiij-321 p., 5 p. Cf. *Bull.* cité (1856), t. X, p. 20. — Fossé d'Arcosse, Nouvelles observations sur les livres liturgiques du diocèse de Soissons, dans rec. cité (1884), t. XXXIV, p. 145-61.

Tarentaise. — Fleury, Mémoire sur le Missel, appelé de Tarentaise [du Mont-Saint-Michel près Moutiers], appartenant à la bibliothèque de la ville de Genève, dans *Mém. acad. Val d'Isère* (1874), t. II, p. 417-76; Genève, 1873, in-8, 75 p.

Toul. — Beaupré, Notice bibliographique sur les livres de liturgie des diocèses de Toul et de Verdun, imprimés au XVe siècle et dans la première moitié du XVIe; Nancy, 1843, in-8, 1 f.-74 p.— Quelques recherches historiques sur le chant grégorien, ainsi que sur le chant et l'ancienne liturgie de l'église de Toul; Nancy, 1896, in-8. — Sur un Ordo du XIIe siècle, dans *Bull. soc. archéol. Lorraine* (1862), t. XII, p. 59-65.

Toulouse. — Salvan (A.), Recherches historiques sur la liturgie en général et celle du diocèse de Toulouse en particulier; Toulouse-

Paris, 1850, in-8. — CARLES, Mémoire sur le Proprium sanctorum de la sainte église de Toulouse, avec la vraie légende des saints et plusieurs anciens offices; Toulouse, 1880, in-8. 2 f.-172 p. Cf. COUTURE (L.), dans *Rev. de Gascogne* (1881), XXI, 389-92.

Tours. — BOURRASSÉ, Martyrologe obituaire de l'église métropolitaine de Tours dans *Mém. soc. archéol. Touraine* (1865), t. XVII, p. 1. — QUINCARLET (Ed.), Martyrologe obituaire de Saint-Julien de Tours [1469-89], dans rec. cité (1873), t. XXIII, p. 213.

Tréguier. — ROPARTZ (S.) : voy. Saint-Brieuc. — PLAINE (Franç.), dans *Bull. soc. archéol. Finistère* (1887), t. XIV, p. 122-3.— SERRET, Psautier Trégorrois du XIVe siècle, dans rec. cité (1895), t. XXII, p. 326-33.

Troyes. — ASSIER (A.), Anciens usages à Saint-Etienne et à Notre-Dame aux Nonnains; Troyes, 1851, in-8. — SOCARD (Alex.) et ASSIER (Alex.), Livres liturgiques du diocèse de Troyes imprimés au quinzième et au seizième siècle; Paris-Troyes, 1863, in-8, 4 f.-80 p., 86 grav. — LALORE (Ch.), Probationes cultus sanctorum diocesis Trecensis ac indulta S. R. C. ...; Trecis, 1869, in-4°, 44 p. ; — Les fêtes chômées dans le diocèse de Troyes depuis l'origine du Christianisme jusqu'en 1802; Troyes, 1869, in-8, 46 p.; — Le premier formulaire du prône dans le diocèse de Troyes; Troyes, 1867, in-8°, 8 p. — Mélanges liturgiques relatifs au diocèse de Troyes; Troyes, 1883-90, in-8°, 270 p.; 2e série, ibid., 1895, in-8°, 180 p.

Tulle. — DELOCHE, La procession de la Lunade et les feux de la St-Jean à St-Jean de Tulle (Bas-Limousin); Paris, 1891, in-4°.

Uzès. — DESBARREAUX-BERNARD, Le Missel d'Uzès imprimé à Lyon en l'année 1495 par Jean Numeister de Mayence; Toulouse, 1874, in-8, 8 p.

Vabres. — VIALETTES : voy. Rodez.

Valence. — CHEVALIER (Ulysse), Coutumier de 1355 env., Missels de 1450 env., 1504, 1450 env., Bréviaires de 1473, fin XVe s., 1526 et XVIe s., dans *Bull. hist.-archéol. dioc. Valence* (1887-9), t. VII, p. 176-89 ; t. IX, II, p. 31-56.

Vannes. — PLAINE (Franç.), dans *Bull. soc. archéol. Finistère* (1887), t. XIV, p. 120.

Verdun. — BEAUPRÉ : voy. Toul.

Vienne. — CHEVALIER (Ulysse), Bréviaire de 1522, dans *Pet. rev. biblioph. dauphin.* (1887), t. II, p. 49-55.

Viviers. — DELISLE (L.), Note sur un Bréviaire de Viviers, imprimé à Privas en 1503, dans *Biblioth. de l'éc. des Chartes* (1892), t. LIII, p. 88-94; Nogent-le-Rotrou, 1892, gr. in-8°, 7 p.

ABBAYES

Aniane. — BLANC (Paulin), Nouvelle prose sur le dernier jour, composée avec le chant noté, vers l'an mille, et publiée pour la première fois d'après un antique manuscrit de l'abbaye d'Aniane, dans *Public. soc. archéol. Montpellier* (1850), t. II, p. 451, pl. ; Montpellier, 1847, in-4°, pl. ; — Prose de Montpellier ou chant du dernier jour, composé pour l'an 1000, publié d'après un ms. de l'abbaye d'Aniane; Paris, 1863, in-4°, 28 p., pl. — MAUBON, *Livr. liturg. Montpellier* (1895), p. 37-8.

Aurillac. — PLAINE (Franç.), Un Sacramentaire romano-gallican inédit de la fin du xe siècle, dans *Polybiblion* (1881), 2e s., t. XIV, p 273-4; *Lettres chrét.* (1882), t. III, p. 427-37. — FÉROTIN (Mar.), *Hist. abb. Silos* (1897), p. 277.

Barbeaux. — ROSNY (L. de), Rituel de l'abbaye de Barbeau (XIVe siècle), dans *Bull. archéol. com. histor. arts.-mon.* (1843), t. II, p. 499.

Fécamp. — LOTH (J.), Mémoire sur la musique à l'abbaye de Fécamp : reproduction d'un manuscrit inédit de dom Guillaume Filastre, avec une introduction ; Rouen, 1881, in-4°, xxvj-32 p.

Fleury ou St-Benoît-sur-Loire. — CUISSARD (Ch.), Mystères joués à Fleury et à Orléans, dans *Lect.-mém. acad. Ste-Croix Orléans* (1880), t. IV, p. 284-314 ; — Epitres farcies pour les fêtes de saint Etienne et de l'Epiphanie, dans *Bull. soc. Dunoise* (1885-7/8), t. V, p. 221-35.

Fontevrault. — GUIBERT (Louis) et MEYER (Paul), Le Graduel de la bibliothèque communale de Limoges [1378/87], dans *Bull. histor.-philol.* (1887), 315-65 ; notice et extraits, Paris, 1888, in-8. Cf. MISSET (E.), dans *Bull. critiq.* (1889), t. X, p. 81-4.

Gellone ou St-Guilhem-du-Désert. — MAUBON, *Livr. liturg. Montpellier* (1895), p. 35-7.

Gorze. — ROBERTS (F. des), Deux codex manuscrits de l'abbaye de Gorze ; Nancy, 1884, in-8, 60 p., pl.

Hautvillers. — Passionnaire de l'abbaye de Hautvillers (1282). Cf. LE CLERC (V.), dans *Hist. litt. France* (1847), t. XXI, p. 590. — AUBERT (Edouard), Manuscrit de l'abbaye d'Hautvillers, dit Evangéliaire d'Ebon, dans *Mém. soc. antiq. France* (1879), 4e s., t. X, p. 111-27, 7 pl. ; Nogent-le-Rotrou, 1881, in-8°, 18 p., 7 pl.

Luxeuil. — BORDIER (Henri), Lectionnaire de Luxeuil [VIIe siècle], dans *Mém. soc. émul. Jura* (1878-9), 2e s., t. IV, p. 116, 2 pl.

Marmoutier. — POUAN (B.-Th.), Chapelle de Notre-Dame des Sept-Dormants à Marmoutier, quelques prières tirées de l'antiquité liturgique; Tours, 1881, in-18, 60 p. — BOSSEBEUF (L.-A.), Un Missel de Marmoutiers du XIe siècle, dans *Rev. de l'art chrét.* (1889), 4e s., t. VII, p. 291-308, 420-33.

Moissac. — DREVES (G. M.), Hymnarius Moissiacensis. Das Hymnar des Abtei Moissac im 10. Jahrhund., nach einer Handschrift der Rossiana, dans ses *Anal. hymn. med. aevi* (1888), t. II, p. 27-118, cf. 5-17. Cf. MISSET (E.), dans *Bull. critiq.* (1888), IX, 81-6, 212-6.

Mont-Saint-Michel. — LE HÉRICHER, Représentation de la résurrection au Mont-Saint-Michel, dans *Bull. histor.-philol.* (1885), p. 95.

Nouaillé. — BARBIER DE MONTAULT, Le Missel pontifical de Raoul du Fou, dans *Rev. de Champagne* (1886), t. XX, p. 223-36; Arcis-sur-Aube, 1886, in-8o, 16 p.; *L'Enlumineur* (1892).

Paraclet. — CARNANDET (J.), Notice sur le Bréviaire d'Abailard, conservé à la bibliothèque de Chaumont (Haute-Marne); Chaumont-Paris, 1855, in-8o. — DREVES (Guido Mar.), Petri Abaelardi, peripapetici palatini, Hymnarius Paraclitensis sive Hymnorum libelli tres, ad fidem codicum Bruxellensis et Calmontani edid.; Parisiis, 1891, in-8o, 3 f.-292 p.

Saint-Aubin d'Angers. — BARBIER DE MONTAULT (X.), Processionnal de l'abbaye de Saint-Aubin d'Angers, dans *Bull. histor.-philol.* (1885), p. 132-41.

Saint-Denys. — VINCENT (J. H.), Note sur la messe grecque qui se chantait autrefois à l'abbaye royale de Saint-Denis le jour de l'octave de la fête patronale, dans *Comptes rendus acad. inscript. et bel.-lett.* (1864), t. VIII, p. 27-31; Paris, 1864, in-8o.

Saint-Epvre. — NISARD (Théod.), Notice sur l'Antiphonaire bilingue de Montpellier; Le Mans-Paris, 1865, in-8o, 42 p. — L. G. C., Étude archéologique sur le manuscrit bilingue de Montpellier, désigné sous le nom d'Antiphonaire de saint Grégoire; Paris, 1875, in-8o, 48 p., pl.

Saint-Etienne de Soissons. — PRIOUX (Stan.), Manuel des cérémonies pour les religieuses de l'abbaye Sainct-Estienne-lès-Soissons [1615], dans *Bull. soc. arhéol. Soissons* (1865), t. XIX, p. 202.

Saint-Florent. — BARBIER DE MONTAULT (X.), Bréviaire manuscrit de l'abbaye de Saint-Florent-lès-Saumur [XVe s.], dans *Répert archéol. Anjou* (1861), p. 146; Angers, 1861, in-8o.

Saint-Germain. — BLANC (Paulin), Un manuscrit [Collectaire du XIVe s.] de l'ancien monastère de Saint-Germain à Montpellier dans *Mém. soc. archéol. Montpellier* (1860-9), t. V, p. 227.

Saint-Julien-du-Pré. — LESTANG (G. de), Martyrologe de l'abbaye de Saint-Julien-du-Pré, dans *Bull. soc. agric. Sarthe* (1861-2), 2e s., t. VIII, p. 463.

Saint-Lupicin — BORDIER (Henri), Liber Evangeliorum de Saint-Lupicin [IXe s.], dans *Mém. soc. émul. Jura* (1878/9), 2e s., t. IV, p. 126, 2 pl.

Saint-Martial de Limoges. — ARBELLOT, Anciennes proses ou séquences des manuscrits de l'abbaye de Saint-Martial, dans *Bull. histor.-philol.* (1886), p. 123. — DREVES (Guido Mar.), Prosarium Lemovicense. Die Prosen der Abtei St. Martial zu Limoges, aus Troparien des 10, 11. und 12. Jahrhund. (*Anal. hymn. med. aevi*, t. VII); Leipzig, 1889, in-8°, 2 f.-283 p., 2 pl. Cf. WERNER (J.), dans *Zeitschr. f. deutsch. Alterth.-Litter.* (1892), XXXVI, 343-50.

Saint-Martin de Tours. — LUZARCHE (Vict.), Notice sur l'Evangéliaire de l'abbaye de Saint-Martin conservé à la bibliothèque communale de Tours [IXe s.], dans *Mém. soc. archéol. Touraine* (1857), t. IX, p. 43. — NOBILLEAU, Rituale seu liber consuetudinum Beatissimi Martini Turonensis, auctore Pagano Gastinello [XIIIe s.]; Turonis, 1873, in-8°, lxviij-160 p., pl.

Saint-Médard de Soissons. — FLEURY (Edouard), Notice sur l'Evangéliaire donné par Louis le Débonnaire à l'abbaye de Saint-Médard de Soissons [comt IXe s.], dans *Bull. soc. archéol. Soissons* (1865), t. XIX, p. 49, 6 pl. Cf. DELISLE (L.), *Cabin. d. mss.* (1881), III, 245.

Saint-Mihiel. — DEHAISNES (Ch.), L'Evangéliaire de Saint-Mihiel [fin XIIe s.], dans *Rev. d. sciences ecclés.* (1882), 5e s., t. V, p. 69-75.

Saint-Pierre de Reims. — GIVELET (Charl.), Notice sur un Evangéliaire provenant de l'abbaye de Saint-Pierre-aux-Nonnes, aujourd'hui conservé dans l'église de Saint-Remi à Reims, et sur les émaux qui le décorent, dans *Trav. acad. Reims* (1858-9/60), t. XXIX, p. 22.

Saint-Remy à Reims. — CHEVALIER (Ulysse) : voy. Reims.

Saint-Riquier. — LEDIEU (Alcius), Bibliothèque d'Abbeville : Notice sur l'Evangéliaire de Charlemagne, dans *Rev. de l'art chrét.* (1886), 3e s., t. IV, p. 37-48, 3 pl. Cf. LE PETIT (Jul.), dans *Gaz. d. beaux-arts* (1883, août).

Saint Symphorien d'Autun. — DELISLE (Léop.), CHARMASSE (A. de) : voy. Autun.

Saint-Vaast. — DELISLE (Léop.), L'Evangéliaire de Saint-Waast et la calligraphie franco-saxonne du IXe siècle; Paris, 1888, in-fol., 18 p.

Sainte-Croix de Bordeaux. — BREUILS, Notes sur un Bréviaire du XIVe siècle, ayant appartenu à l'abbaye Sainte-Croix de Bordeaux, dans *Bull. histor.-philol.* (1893), 269-72; Paris, 1894, in-8°, 4 p.

Trinité de Caen. — CHARMA (A.), Sur un Coutumier de l'abbaye de la Trinité à Caen [XVIe s.], dans *Bull. soc. antiq. Normand.* (1860), t. I, p. 162. — RENARD, Fêtes et solennités de toutes les églises de Caen avant la Révolution, d'après un manuscrit de l'abbaye aux Dames annoté par Charlotte Corday; Caen, 1869, in-8°.

Trinité de Poitiers. — BARBIER DE MONTAULT, La légende de saint Martial dans le Bréviaire de la Trinité de Poitiers; Limoges, 1887, in-8°.

Trinité de Vendôme. — Métais (Ch.), Les processions de la Sainte-Larme à Vendôme, documents inédits; Orléans, 1887, in-8°, 44 p., 2 pl.

COLLÉGIALES, PRIEURÉS, ÉGLISES

Brioude. — Le Blanc (Paul), Note bibliographique sur les livres de liturgie du chapitre noble de Saint-Julien de Brioude, dans *Congrès scient. France* (1855/6); Le Puy, t. II, p. 530.

Chapelle (Ste-) de Paris. — Clément (Fél.), Chants de la Sainte-Chapelle, tirés des manuscrits du XIIIe siècle, avec accompagnement d'orgue et introduction par Didron; Paris, 1850, in-4°, 40 p., 400 p. musiq., 2 pl.; et choix des principales séquences du moyen âge tirées des manuscrits, traduites en musique et mises en partie, avec accompagnement d'orgue, 3e éd., ibid., 1873, in-8°, xxvj-84 p. Cf. Nisard (Théod.), Examen critique des Chants..., dans *Correspondant* (1850), t. XXVI, p. 596-618; Paris, 1850, in-8°, 23 p.; — Notice sur les chants de la Sainte-Chapelle; ibid., 1851, in-8°, 16 p.

Château-Landon. — Dupont (A.), Le Propre de Saint-Séverin de Château-Landon, description d'un manuscrit appartenant à l'église Notre-Dame et des boiseries représentant la vie de saint Séverin dans la même église; Fontainebleau, 1891, in-8°, 45 p., 5 pl.

Chauny. — Muller (Eug.), Missel de Chauny, dans *Mém. com. archéol. Noyon* (1880), t. VI, p. 102, 3 pl.; *Bull. soc. acad. Chauny* (1884-6), t. I, p. 11.

Collioure. — Oliver (F.), Historique de la procession sur mer de saint Vincent de Collioure...; Perpignan, 1880, in-8°, 12 p.

Douai. — Tailliar, Fêtes religieuses à Douai au XVIIe siècle; Douai, 1865, in-8°, 144 p.

Fontenay-le-Comte. — Usages de l'église de Fontenay-le-Comte; Fontenay, 1821, in-12.

Gannat. — Bonneton (J. H.), Notice sur le livre des Evangiles appartenant à l'église de Ste-Croix de Gannat, dans *Mém. soc. émul. Allier* (1866/8), t. X, p. 297, 2 pl.; Moulins, 1868, in-8°. — Quarré, La ville de Gannat et son Evangéliaire du Xe siècle; Lille, 1886, in-8°, 11 p.

Mont-Renaud, à Noyon. — Muller (Eug.), Antiphonaire du Mont-Renaud, dans *Comptes rendus-mém. com. archéol. Noyon* (1874), t. V, p. 5, 5 pl.; Noyon, 1875, in-8°, 61 p., 2 pl.

Saint Lô, à Rouen. — Bachelin (A.), Description du livre d'Heures du prieuré de Saint-Lô de Rouen; Paris, 1869, in-8°, pl.

Saint-Omer. — Bled (O.), La fête des Innocents dans l'église collégiale de Saint-Omer; Saint-Omer, 1887, in 8°. — DESCHAMPS DE PAS (L.), Les cérémonies religieuses dans la collégiale de Saint-Omer au XIII° siècle, examen d'un Rituel manuscrit de cette église, dans *Mém. soc. antiq. Morinie* (1886-7), t. XX, p. 97-213 (extraits du Rituel, p. 145-205); Saint-Omer, 1887, in-8°, 125 p.

Saint-Pierre de Lille. — HAUTCŒUR (E.), Documents liturgiques et nécrologiques de l'église collégiale de Saint-Pierre de Lille, publiés; Lille-Paris, 1895, in-8°, xx-483 p. (Liber ordinarius, p. 1-103); Litanies de la bénédiction des fonts [septena, quina, terna], p. 105-7; des saints, p. 107-14).

Saint-Quentin. — FIERVILLE (Ch.), L'Evangéliaire de Saint-Quentin (IX° siècle), dans *Bull. histor.-philol.* (1883), p. 40-5.

Saint-Vougay. — PLAINE (Franç.), Le Missel de Saint-Vougay en Bretagne (manuscrit du X° ou XI° siéc.), dans *Rev. de l'art chrétien* (1877), 2° s., t. VI, p. ; Arras, 1877, in-8°, 19 p. — POTHIER (Jos.), Quelques mots sur la notation du chant grégorien, à propos du Missel de Saint-Vougay, dans rec. cité (1877), 2° s., t. VII, p. Arras, 1879, in-8°, 12 p.

Lyon. — Imprimerie Emmanuel VITTE, rue de la Quarantaine, 18.

www.ingramcontent.com/pod-product-compliance
Lightning Source LLC
LaVergne TN
LVHW020251230826
846091LV00006B/2358

* 9 7 8 2 0 1 2 8 5 2 4 9 5 *